雜阿含經選集

（宋）三藏求那跋陀羅——譯

當觀色無常。如是觀者，則為正觀。

正觀者，則生厭離；厭離者，喜貪盡；喜貪盡者，說心解脫。

心解脫者，若欲自證，則能自證：「我生已盡，梵行已立，所作已作，自知不受後有

【目　錄】

雜因誦第三

說四阿含

梁啟超

長阿含經二十二卷　姚秦罽賓國沙門佛陀耶舍共竺佛念譯
中阿含經六十卷　東晉罽賓國沙門瞿曇僧伽提婆等譯
雜阿含經五十卷　劉宋天竺三藏求那跋陀羅譯
增壹阿含經五十卷　東晉罽賓國沙門瞿曇僧伽提婆等譯

《阿含》與五百結集

阿含亦作阿笈摩，亦作阿含暮，譯言「法歸」，謂萬法所歸趣也。亦言「無比法」，謂法之最上者也。亦言「教」，亦言「傳」，謂輾轉傳來，以法相教授也。本爲佛經總名，今但以施諸小乘焉。

吾研究佛經成立之歷史，擬拈出四箇觀念以爲前提：

一、凡佛經皆非佛在世時所有。無論何乘何部之經，皆佛滅後佛徒所追述。其最初出者在佛滅後數月間，其最晚出者在佛滅五百年以後。

二、佛經之追述，有由團體公開結集者，有由箇人私著者；前者成立之歷史可以確考，後者無從確考。

三、佛經有用單行本形式者，有用叢書形式者，現存之十數部大經，皆叢書也。而此種叢書，性質復分爲二，有在一時代編纂完成者，有歷若干年增補附益而始完成者。

四、凡佛經最初皆無寫本，惟恃闇誦。寫本殆起於佛滅數百年後，隨教所被，各以其國土之語寫焉。質言之，則凡佛經皆翻譯文學也。

四阿含者，則佛滅後第四箇月，由團體公開結集一時編纂完成之四種叢書，歷若干年後，始用數種文字先後寫出者也。此次結集，即歷史上最有名之「五百結集」，其情節具見於《四分律藏》、《彌沙塞五分律》、《摩訶僧祇律》、《善見律》等書，今雜採略述如下：

佛以二月十五日平旦，在俱尸那入滅。時大弟子大迦葉方在葉波國，聞變而歸，既葬佛後，默自思惟：宜集法藏，使正法住世，利益衆生。乃請阿闍世王爲檀越，於王舍城外之畢波羅窟，以六月二十七日開始結集。參與斯會者五百人，迦葉爲上首，先命優婆離結集毗尼，此云律藏，所集者則今之《八十誦律》是也。次命阿難結集修多羅，此云經藏，亦云法藏，所集者則此諸《阿含》是也。

阿難，佛之從弟，爲佛侍者二十五年。佛嘗稱其多聞第一，殆記性最强之人也，故結集經藏之大任衆以屬之。結集時用極莊重之儀式，極複雜之程序，以求徵信。阿難登高座，手捉象牙裝扇，迦葉問：「法藏中《梵網經》何處說耶？」阿難答：「王舍城那蘭馱二國中間王菴羅絺屋中說。」「因誰而起？」「因修悲夜波利婆闍迦及婆羅門陀多二人而起。」如是問答本起因緣後，阿難乃誦出佛所說，首唱言：「如是我聞。」誦已，五百羅漢印可之。如是次第誦他經，一切誦已，遂泐為定本，此阿含之由來也。

何故將《阿含》結集為四耶？《增壹．序品》云：「時阿難說經無量，誰能備具為一聚？或有一法義亦深，難持難誦不可憶，我今當集此法義，一一相從不失緒。」據此則似阿難既將諸經誦出後，慮其散漫難記憶，於是謀集為「一聚」，以叢書的格式總持之。〈序品〉又云：「契經今當分四段，先名《增壹》，二名《中》，三名曰《長》多瓔珞，《雜》經在後為四分。」此論四種次序，〈分別功德論〉釋之云：「分四段者，文義混雜，宜當以事理相從，大小相次，以一為本次至十，一二三隨事增上，故名《增壹》；《中》者，不大不小，不長不短，事處中適也；《長》者，說久遠事，歷劫不絕；《雜》者，諸經斷結，難誦難憶，事多雜碎；喜令人忘。」《彌沙塞五分律》云：「迦葉問一切修多羅已，僧中唱言：此是長經，今集爲一部，名《長阿含》；此是不長不短，今集爲一部，名《中阿含》：此是爲優婆塞婆夷天子天女說，今集爲一部，名《雜阿含》：此是從一法增至十一法，今集爲一部，名《增一阿含》。」據此則四部分類命名之意，不過因文字之長短，略爲區分，無甚義例。法華玄義云：「《增一》，明人天因果；《中》，明真寂深義；《雜》，明諸禪定；《長》，破外道。」此說不免杜撰。《四阿含》雖云將諸經加以組織，然此種論理的分類法，似尚非當時所有，以今譯本細按之，亦不能謂某種專明某義也。

數何以限於四？或言仿《四吠陀》，此殆近之。但據《善見律》，則尚有《屈陀迦阿含》一種，是不止四矣。今錫蘭島所傳巴利文阿含，確有五部，其第五部正名《屈陀迦》，然不過將四含之文摘要分類編輯，恐非原本。吾竊疑此《屈陀迦》與大乘經典有關係，語在次篇。

《阿含》在彼土之傳授

《付法藏因緣傳載》有一事，甚可發噱，今節引之：

「阿難遊行至一竹林，聞有比丘誦法句偈：『若人生百歲，不見水老鶴，不如生一日，而得睹見之。』阿難語比丘：此非佛語，汝今當聽我演：（原文）『若人生百歲，不解生滅法，不如生一日，而得了解之。』爾時比丘即向其師說阿難語，師告之曰：『阿難老朽，言多錯謬，不可信矣。汝今但當如前而誦。』」

佛經以專恃闇誦不著竹帛之故，所傳意義，輾轉變遷，固意中事。乃至阿難在世時，已有此失，且雖以耆宿碩學如阿難者，猶不能矯正。此孟子所以有「盡信書不如無書」之歎也。不惟轉變而已，且最易遺失。〈分別功德論〉云：「《增壹阿含》本有百事，阿難以授優多羅，出經後十二年，阿難便般涅槃，其後諸比丘各習坐禪，遂廢諷誦，由是此經失九十事。外國法師徒相傳，以口授相付，不聽載文，時所傳者，盡十一事而已。自爾相承，正有今現文爾。優多羅弟子名善覺，從師受誦，僅得十一事，優多羅便涅槃，外國今現三藏者，盡善覺所傳。」

《增壹》一經如此，他經可推。然則即今《阿含》，已不能謂悉爲阿難原本。然印土派別既多，所傳之本，各自不同，《順正理論》云：「雖有衆經，諸部同誦，然其名句，互有差別。」此正如漢初傳經，最尊口說，故諸家篇帙文句，時相乖忤。即以《增壹》言，〈功德論〉又云：「薩婆多家（即說一切有部）無序及後十事。」然則薩婆多所傳，固與善覺本異矣。而今我國譯本，共五十二品，則既非阿難原來之百篇本，亦非善覺之十一篇本，又非薩婆多之九十篇本，是知印土《增壹》，最少當有四異本矣。吾所以喋喋述此者，非好爲瑣末之考證。蓋當時諸部所釋教理，有種種差別，雖同屬一經，其某部所傳之本，自必含有該部獨有之特色，不僅如「水老鶴」等文字之異同而已。試以漢譯《四阿含》與錫蘭之巴利本相較，當能發見許多異議，他日若有能將全世界現存之各種異文異本之阿含，一一比勘，爲綜合研究，追尋其出自何部所傳，而因以考各部思想之異點，則亦學界之一大業也。

我國《阿含》四種，並非同時譯出，其原本亦非同在一處求得，則每種傳授淵源，宜各不同。慈恩謂《四阿含》皆大衆部誦出；法幢謂《增壹》依大衆部，《中》、《雜》依一切有部，《長阿含》依化地部，未審何據。今於次節述傳譯源流，略考其分別傳受之緒焉。

《阿含》傳譯源流

我國譯經，最初所譯爲「法句類」，即將經中語節要鈔錄之書也。次即分譯《阿含》小品，蓋《阿含》乃叢書體裁，諸品本自獨立成篇，不以割裂爲病也。今舉藏中現存《阿含》異譯諸經爲左表：

◉《增壹阿含經》別出異譯

經名	今本	譯人
婆羅門避死經	增上品	漢安世高
阿那邠邸化七子經	非常品	同
舍利弗目揵連遊四衢經	馬王品	漢康孟詳
七佛父母姓字經	十不善品	曹魏失名
須摩提女經	須陀品	吳支謙
三摩竭經	同	吳竺律炎
波斯匿王太后崩經	四意斷品	西晉釋法炬
頻婆娑羅詣佛供養經	等見品	同
大愛道般涅槃經	般涅槃品	西晉帛法祖
舍衛國王夢見十事經	同	西晉失名
央崛魔經	力品	西晉竺法護
力士移山經	八難品	同

四未曾有法經	同	同
玉耶女經	非常品	西晉失名
放牛經	放牛品	姚秦鳩摩羅什
四泥犁經	禮三寶品	東晉曇無蘭
玉耶經	非常品	同
不黎先尼十夢經	涅槃品	同
食施獲五福報經	善聚品	東晉失名
四人出現世間經	四意斷品	劉宋求那跋陀羅
十一想思念如來經	禮三寶品	同
阿遬達經	非常品	同
長者子六過出家經	邪聚品	劉宋慧簡
佛母般泥洹經	涅槃品	同

◉《中阿含經》別出異譯

經名	今本	譯人
一切流攝守因經	漏盡經	漢安世高
四諦經	聖諦經	同
本相倚致經	本際經	同
是法非法經	真人經	同
漏分布經	達梵行經	同
命終愛念不離經	愛生經	同
阿那律八念經	八念經	漢支曜
苦陰經	苦陰經上	漢失名
魔嬈亂經	降魔經	同
七知經	善法經	吳支謙
釋摩男本經	苦陰經下	同

諸法本經	諸法本經	同
弊魔試目連經	降魔經	同
賴吒和羅經	賴吒和羅經	同
梵摩喻經	梵摩經	同
齋經	持齋經	同
恆水經	瞻波經	西晉釋法炬
頂生王故事經	四洲經	同
求欲經	穢經	同
苦陰因事經	苦陰經下	同
瞻婆比丘經	大品瞻波經	同
數經	算數目連經	同
善生子經	善生經	西晉支法度
離睡經	上曾睡眠經	西晉竺法護

受歲經	比丘請經	同
樂想經	想經	同
尊上經	中禪室尊經	同
意經	心經	同
應法經	受法經下	同
鹹水喻經	七水喻經	西晉失名
兜調經	鸚鵡經	同
鐵城泥犁經	天使經	東晉曇無蘭
阿耨颰經	阿奴波經	同
泥犁經	癡慧地經	同
古來世時經	説本經	東晉失名
梵志計水淨經	水淨梵志經	同
慈心厭離功德經	須達多經少分	同

箭喻經	箭喻經	同
文竭陀王經	四洲經	北涼曇無讖
八關齋經	持齋經（不全）	北涼沮渠京聲
閻羅王五天使者經	天使經	劉宋慧簡
瞿曇彌記果經	瞿曇彌經	同
鸚鵡經	鸚鵡經	劉宋求那跋陀羅
鞞摩肅經	鞞摩那修經	同

◉《長阿含經》別出異譯

經名	今本	譯人
長阿含十報法經	十上經	漢安世高
人本欲生經	大緣方便經	同

尸迦羅越六方禮經	善生經	同
梵志阿颰經	阿摩晝經	吳支謙
梵網六十二見經	梵動經	同
佛般泥洹經	遊行經	西晉白法祖
樓炭經	世記經	西晉釋法炬
大般涅槃經	遊行經	東晉釋法顯
方等泥洹經	同	東晉失名
寂志果經	沙門果經	東晉曇無蘭

●《雜阿含經》別出異譯

經名	今本	譯人
七處三觀經	卷二・卷三十四	漢安世高

五陰譬喻經	卷十	同
轉法輪經	卷十五	同
八正道經	卷二十八	同
馬有三相經	卷三十三	漢支曜
馬有八態譬人經	同	同
不自守意經	卷十一	吳支謙
雜阿含經（一卷）	大部中撮要	吳失名
聖法印經	卷三	西晉竺法護
難提釋經	卷三十	西晉釋法炬
相應相可經	單卷本	同
水沫所漂經	卷十	東晉曇無蘭
戒德香經	卷三十八	同
滿願子經	卷十三	東晉失名

讀右表者，可以了然於《阿含》之實爲叢書性質，實合多數之單行本小經而成，彼土亦各別誦習。而初期大譯家安世高支謙法護法炬之流，百餘年間，皆從事於此種單行本之翻譯，其曾否知爲同出一叢書，蓋未敢言耳。四含所有經總數幾何，不能確考。按漢譯今本，《長含》共三十經，《中含》二百二十二經，《增含》七十二經，《雜含》短而多，不能舉其數，大約在一千二三百以上，合計殆逾二千種矣，然必猶未全。今檢各經錄中小乘經存佚合計，蓋盈千種，竊謂其中除出十數種外，殆皆《阿含》遺文也。

前此之零碎單譯，自然不饜人意。逮東晉之初而《阿含》全譯之要求起焉，先出者爲增、中，其次則長，最後乃雜，前後垂六十年，而茲業乃完。今考其年代及譯人列爲左表。

	年代：出書年	年代：雜考證	譯人：主譯者	譯人：助譯者	譯人：關係者
增壹阿含	苻秦建元二十年（三八四）		僧伽提婆	竺佛念　曇嵩	趙文業　道安　法和　僧䂮　僧茂
中阿含	東晉隆安二年（三九八）	道安難提等先已與增壹同時譯出因多未愜至是始重譯	僧伽提婆　僧伽羅叉	道慈	法和　王元琳
長阿含	姚秦弘始十五年（四一三）		佛陀耶舍	竺佛念　道含	僧肇　姚爽
雜阿含	劉宋元嘉二十年（四四三）	藏中有別譯雜阿含十六卷舊作二十卷附秦錄中殆譯而未成者不審其爲苻秦爲姚也	求那跋陀羅	法勇	原本乃法顯從師子國攜歸

譯業創始之功，端推道安。其譯《增》、《中》二含，正值苻堅覆國之年。序所謂「此年有阿城之役，伐鼓近郊」者也。蓋在圍城之中，倉卒殺青，逾年而安遂亡。道慈所謂「譯人造次，違失本旨，良匠去世（指安公），弗獲改正也。」故此秦譯二書，皆可謂未定稿，然《增壹》遂終弗克改。今藏中所存即建元二十年本也。《長阿含》以法和提婆之努力，又得羅叉從罽賓新來爲之助，卒成第二譯，而初譯今不復見矣。《雜阿含》既舊有秦譯，不知其出道安時耶？出羅什時耶？《長阿含》之譯，則史蹟最簡矣。

吾述四含傳譯淵源，忽引起一別種興味，即欲因各書之譯人以推求其書爲何宗派所傳本也。印度小乘派二十部，皆宗阿含，其所誦習本各部有異同。具如前引〈分別功德論〉所說，漢譯四含，或云皆出大宗部；或云《增壹》依大宗部，《中、雜》依一切有部，《長》依化地部，未審其說所自出。今以此四書之譯人及其他材料校之，吾欲立爲臆說如下：

一、《增壹阿含》疑依「一切有部」本而以「大衆部」本修補。《增壹》譯者曇摩難提，兜佉勒人。兜佉勒，似爲「一切有部」勢力範圍。近年歐人在庫車發掘，得有用月氏文字所書之波羅提木叉（戒律），即羅什所譯「薩婆多部」之十誦比丘尼戒本也。結集毗婆沙之迦膩色迦王，即月氏種，與「有部」因緣極深。兜佉勒服屬於彼，用其文字，則其學出於「有部」固宜，據〈分別功德論〉，他部之增壹皆僅存十一品，惟「有部」本存九十品；今此本有五十一品，益足爲傳自「有部」之據。所以不滿九十品者，或是譯業未竟。蓋譯時方在圍城中，未久而苻秦遂滅也。〈功德論〉又云：「薩婆多家無序。」而安公《增壹・序》亦云：「失其錄偈。」所謂序所謂錄偈，似即指序品，然則今序品一卷，或非原譯所有，而後人別採他部本以補之，其所採者或即「大衆部」本，故慈恩謂出自「大衆」也，序品多大乘家言，自當與「大衆部」有因緣。

二、《中阿含》疑出「一切有部」。初譯本《中含》與《增壹》同出曇摩難提，已足爲傳自「有部」之證。今所傳隆安二年再治本，由僧加羅叉講梵本，僧伽提婆轉梵爲晉，二人皆罽賓人（即迦濕彌羅）。罽賓爲

「有部」之根據地，衆所共知。提婆別譯《阿毗曇八犍度論》（迦旃延之《發智論》），實「有部」最重要之書。羅叉續成羅什之十誦律，亦「有部」律也，然則創譯中含之三人，皆「有部」大師，法幢謂中含傳自「有部」，當爲信史也。

三、《長阿含》疑出「曇無德部」。《長阿含》譯者佛陀耶舍亦罽賓人，但「曇無德部」之四分律，即由彼誦出，知彼當屬「德部」，則所誦《長阿含》，或亦用「德部」本也。

四、《雜阿含》疑出「彌沙塞部」。《雜阿含》譯者求那跋陀羅，中天竺人，本以大乘名家，於小乘諸部當無甚關係。惟《雜阿含》原本之入中國，實由法顯，法顯得此於師子國（即錫蘭），同時並得彌沙塞律，然則此本與「塞部」當有關係。「塞部」本盛於南天竺，則師子國固宜受其影響，求那東渡之前，固亦久淹師子也。

右所考證，似無關宏旨。然古代印土各部之學說，傳於今者極希（除有部外），若能在四含中覓得一二，亦治印度思想史之一助也。

《阿含》研究之必要及其方法

我國自隋唐以後，學佛者以談小乘爲恥！《阿含》束閣，蓋千年矣。吾以爲真欲治佛學者，宜有事於《阿含》，請言其故：

第一、《阿含》爲最初成立之經典，以公開的形式結集，最爲可信。以此之故，雖不敢謂佛說盡於《阿含》，然阿含必爲佛說極重之一部分無疑。

第二、佛經之大部分皆爲文學之作品（補敘點染），《阿含》雖亦不免，然視他經爲少，比較的近於樸實說理。以此之故，雖不敢謂《阿含》一字一句悉爲佛語，然所含佛語分量之多且純，非他經所及。

第三、《阿含》實一種言行錄的體裁，其性質略同《論語》，欲體驗釋尊之現實的人格，舍此末由。

第四、佛教之根本原理，如四聖諦、十二因緣、五蘊皆空、業感輪迴、四念處、八正道等，皆在《阿含》中詳細說明，若對於此等不能得明確觀念，則讀一切大乘經論，無從索解。

第五、《阿含》不惟與大乘經不衝突，且大乘教義，含孕不少，不容訶為偏小，率爾唾棄。

第六、《阿含》敍述當時社會情事最多，讀之可以知釋尊所處環境及其應機宣化之苦心。吾輩異國異時代之人，如何始能受用佛學，可以得一種自覺。

研究《阿含》之必要且有益，既如此，但《阿含》研究之所以不普及者，亦有數原因：

一、卷帙浩繁。

二、篇章重複，《四阿含》中有彼此互相重複者；有一部之中前後重複者。大約釋尊同一段話，在《四阿含》中平均總是三見或四見，文句皆有小小同異。

三、辭語連犿。吾輩讀《阿含》，可想見當時印度人言語之繁重，蓋每說一義，恆從正面、反面以同一辭句翻覆詮釋，且問答之際，恆彼此互牒前言，故往往三四千字之文，不獨所詮之義僅一兩點，乃至辭語亦足有十數句，讀者稍粗心，幾不審何者爲正文？何者爲襯語？故極容易生厭。

四、譯文拙澀。《增》、《中》二含，殺青於戎馬之中。《中》雖再治，《增》猶舊貫，文義之間，譯者已自覺不愜。《長、雜》晚出，稍勝前作。然要皆當譯業草創時代，譯人之天才及素養，皆不逮後賢。且所用術語，多經後賢改訂漸成殭廢，故讀之益覺詰籟爲病。

故今日欲復興「阿含學」，宜從下列各方法著手：

第一、宜先將重要教理列出目錄，如說苦，說無常，說無我，說因緣生法，說五取蘊，說四禪等等，約不過二三十目便足。然後將各經按目歸類，以一經或二、三經爲主，其他經有詳略異同者，低格附錄，其全同者則僅存其目，似此編纂一過，大約不過存原本十分之一，而阿含中究含有若干條重要教理，各教理之內容何如，彼此關係何如，都可以瞭解，原始佛教之根本觀念，於是確立。

第二、將經中涉及印度社會風俗者，另分類編之，而觀其與佛教之關係。如觀四姓階級制之記述，因以察佛教之平等精神；觀種種祭祀儀法之記述，因以察佛教之破除迷信。

第三、宜注重地方及人事，將釋尊所居游之地見於經中者列成一表，看其在某處說法最多，某處某處次多；在某處多說某類之法，又將釋尊所接之人——若弟子、若國王長者、若一般常人、若外道等等，各列爲表，而觀其種種說法，如是則可以供釋迦傳、釋迦弟子傳、印度史等正確之資料。

以上不過隨想所及，拈舉數端，實則四含爲東方文化一大寶藏，無論從何方面研索，皆有價值也。

五陰誦第一

雜阿含經卷第一

◉一（一）

如是我聞：

一時，佛住舍衛國祇樹給孤獨園。

爾時，世尊告諸比丘：「當觀色無常，如是觀者，則爲正觀。正觀者，則生厭離；厭離者，喜貪盡；喜貪盡者，說心解脫。

「如是觀受、想、行、識無常，如是觀者，則爲正觀。正觀者，則生厭離；厭離者，喜貪盡；喜貪盡者，說心解脫。

「如是，比丘！心解脫者，若欲自證，則能自證：我生已盡，梵行已立，所作已作，自知不受後有。如觀無常，苦、空、非我亦復如是。」

時，諸比丘聞佛所說，歡喜奉行。

◉八（八）

如是我聞：

一時，佛住舍衛國祇樹給孤獨園。

爾時，世尊告諸比丘：「過去、未來色無常，況現在色！聖弟子！如是觀者，不顧過去色，不欣未來色，於現在色厭、離欲、正向滅盡。如是，過去、未來受、想、行、識無常，況現在識！聖弟子！如是觀者，不顧過去識，不欣未來識，於現在識厭、離欲、正向滅盡。如無常，苦、空、非我亦復如是。」

時，諸比丘聞佛所說，歡喜奉行。

◉九（九）

如是我聞：

一時，佛住舍衛國祇樹給孤獨園。

爾時，世尊告諸比丘：「色無常，無常即苦，苦即非我，非我者亦非我所。如是觀者，名真實正觀。如是受、想、行、識無常，無常即苦，苦即非我，非我者亦非我所。如是觀者，名真實正觀。

「聖弟子！如是觀者，厭於色，厭受、想、行、識。厭故不樂，不樂故得解脫，解脫者真實智生：我生已盡，梵行已立，所作已作，自知不受後有。」

時，諸比丘聞佛所說，歡喜奉行。

◉一一（一一）

如是我聞：

一時，佛住舍衛國祇樹給孤獨園。

爾時，世尊告諸比丘：「色無常，若因、若緣生諸色者，彼亦無常。無常因、無常緣所生諸色，云何有常？如是受、想、行、識無常，若因、若緣生諸識者，彼亦無常。無常因、無常緣所生諸識，云何有常？如是，諸比丘！色無常，受、想、行、識無常，無常者則是苦，苦者則非我，非我者則非我所。

「聖弟子！如是觀者，厭於色，厭於受、想、行、識。厭者不樂，不樂則解脫，解脫知見：我生已盡，梵行已立，所作已作，自知不受後有。」

時，諸比丘聞佛說，歡喜奉行。

◉一三（一三）

如是我聞：一時，佛住舍衛國祇樹給孤獨園。

爾時，世尊告諸比丘：「若眾生於色不味者，則不染於色；以眾生於色味故，則有染著。如是衆生於受、想、行、識不味者，彼衆生則不染於識；以衆生味受、想、行、識故，彼衆生染著於識。

「諸比丘！若色於衆生不爲患者，彼諸衆生不應厭色；以色爲衆生患故，彼諸衆生則厭於色。如是受、想、行、識不爲患者，彼諸衆生不應厭識；以受、想、行、識爲衆生患故，彼衆生則厭於識。

「諸比丘！若色於衆生無出離者，彼諸衆生不應出離於色；以色於衆生有出離故，彼諸衆生出離於色。如是受、想、行、識於衆生無出離者，彼諸衆生不應出離於識；以受、想、行、識於衆生有出離故，彼諸衆生出離於識。

「諸比丘！若我於此五受陰，不如實知味是味、患是患、離是離者，我於諸天、若魔、若梵、沙門、婆羅門、天、人衆中，不脫、不出、不離，永住顛倒，亦不能自證得阿耨多羅三藐三菩提。

「諸比丘！我以如實知此五受陰，味是味，患是患，離是離故，我於諸天、若魔、若梵、沙門、婆羅門、天、人衆中，自證得脫、得出、得離、得解脫結縛，永不住顛倒，亦能自證得阿耨多羅三藐三菩提。」

時，諸比丘聞佛所說，歡喜奉行。

◉一八（一八）

如是我聞：

一時，佛住舍衛國祇樹給孤獨園。

爾時，有異比丘從座起，偏袒右肩，爲佛作禮，卻住一面，而白佛言：「善哉！世尊！爲我略說法要。我聞法已，當獨一靜處，專精思惟，不放逸住……，乃至自知不受後有。」

佛告比丘：「善哉！善哉！汝作如是說：『世尊！爲我略說法要，我聞法已，當獨一靜處，專精思惟，不放逸住……，乃至自知不受後有。』耶？」

時，彼比丘白佛言：「如是，世尊！」

佛告比丘：「諦聽！諦聽！善思念之！當爲汝說。若非汝所應，亦非餘人所應，此法宜速除斷。斷彼法已，以義饒益，長夜安樂。」

時，彼比丘白佛言：「知已，世尊！知已，善逝！」

佛告比丘：「云何於我略說法中，廣解其義？」比丘白佛言：「世尊！色非我，非我所應，亦非餘人所應，是法宜速除斷。斷彼法已，以義饒益，長夜安樂。如是受、想、行、識非我，非我所應，亦非餘人所應，宜速除斷。斷彼法已，以義饒益，長夜安樂。是故，我於如來略說法中，廣解其義。」

佛告比丘：「善哉！善哉！汝云何於我略說法中，廣解其義？所以者何？比丘！色非我，非我所應，亦非餘人所應，是法宜速除斷。斷彼法已，以義饒益，長夜安樂。如是受、想、行、識非我，非我所應，亦非餘人所應，是法宜速除斷；斷彼法已，以義饒益，長夜安樂。」

時，彼比丘聞佛所說，心大歡喜，禮佛而退。獨一靜處，精勤修習，不放逸住，……乃至自知不受後有。

時，彼比丘心得解脫，成阿羅漢。

◉二二（二二）

如是我聞：

一時，佛住舍衛國祇樹給孤獨園。爾時，有比丘名劫波，來詣佛所，頭面禮足，卻住一面。白佛言：「如世尊說，比丘心得善解脫。世尊！云何比丘心得善解脫？」

爾時，世尊告劫波曰：「善哉！善哉！能問如來心善解脫。善哉！劫波！諦聽！諦聽！善思念之，當爲汝說。劫波！當觀知諸所有色，若過去、若未來、若現在，若內、若外，若麁、若細，若好、若醜，若遠、若近，彼一切悉皆無常。正觀無常已，色愛即除。色愛除已，心善解脫。如是觀受、想、行、識，若過去、若未來、若現在，若內、若外，若麁、若細，若好、若醜，若遠、若近，彼一切悉皆無常。正觀無常已，識愛即除。識愛除已，我說心善解脫。劫波！如是，比丘心善解脫者，如來說名心善解脫。所以者何？愛欲斷故，愛欲斷者，如來說名心善解脫。」

時，劫波比丘聞佛所說，心大歡喜，禮佛而退。

爾時，劫波比丘受佛教已，獨一靜處，專精思惟，不放逸住……，乃至自知不受後有，心善解脫，成阿羅漢。

◉二五（二五）

如是我聞：

一時，佛住舍衛國祇樹給孤獨園。

時有異比丘來詣佛所，爲佛作禮，卻住一面，白佛言：「如世尊說多聞，云何爲多聞？」

佛告比丘：「善哉！善哉！汝今問我多聞義耶？」

比丘白佛：「唯然，世尊！」

佛告比丘：「諦聽！善思！當爲汝說。比丘當知：若聞色是生厭、離欲、滅盡、寂靜法，是名多聞；如是聞受、想、行、識，是生厭、離欲、滅盡、寂靜法，是名多聞比丘，是名如來所說多聞。」

時，彼比丘聞佛所說，踊躍歡喜，作禮而去。

◉二九（二九）

如是我聞：

一時，佛住舍衛國祇樹給孤獨園。

爾時，有異比丘名三蜜離提，來詣佛所，頭面禮足，卻住一面，白佛言：「如世尊說說法師，云何名爲說法師？」

佛告比丘：「汝今欲知說法師義耶？」

比丘白佛：「唯然，世尊！」佛告比丘：「諦聽，善思，當爲汝說。若比丘於色說厭、離欲、滅盡，是名說法師；如是於受、想、行、識，於識說厭、離欲、滅盡，是名說法師。」

時，彼比丘聞佛所說，踊躍歡喜，作禮而去。

多聞善說法，向法及涅槃，

三蜜離提問，云何說法師。

◉三〇（三〇）

如是我聞：

一時，佛住王舍城迦蘭陀竹園。

爾時，尊者舍利弗在耆闍崛山中。

時，有長者子名輸屢那。日日遊行，到耆闍崛山，詣尊者舍利弗，問訊起居已，卻坐一面。語舍利弗言：「若諸沙門、婆羅門於無常色、變易，不安隱色，言：我勝、我等、我劣。何故沙門、婆羅門作如是想，而不見真實？若沙門、婆羅門於無常、變易，不安隱受、想、行、識而言：我勝、我等、我劣，何故沙門、婆羅門作如是想，而不見真實？

「若沙門、婆羅門於無常色、不安隱色、變易言：我勝、我劣、我等，何所計而不見真實？於無常、變易、不安隱受、想、行、識言：我勝、我等、我劣。何所計而不見真實？輸屢那！於汝意云何？色爲常、爲無常耶？」

答言：「無常。」

「輸屢那！若無常，爲是苦耶？」

答言：「是苦。」

「輸屢那！若無常、苦，是變易法，於意云何？聖弟子於中見色是我、異我、相在不？」

答言：「不也。」

「輸屢那！於意云何？受、想、行、識爲常、爲無常？」

答言：「無常。」

「若無常是苦耶？」

答言：「是苦。」

「輸屢那！識若無常、苦，是變易法，於意云何？聖弟子於中見識是我、異我、相在不？」

答言：「不也。」

「輸屢那！當知色，若過去、若未來、若現在，若內、若外，若麁，若細，若好、若醜，若遠、若近，彼一切色不是我，不異我，不相在，是名如實知。如是受、想、行、識，若過去、若未來、若現在，若內、若外，若麁、若細，若好、若醜，若遠、若近，彼一切識不是我、不異我、不相在，是名如實知。輸屢那！如是於色、受、想、行、識生厭、離欲、解脫、解脫知見：我生已盡，梵行已立，所作已作，自知不受後有。」

時，舍利弗說是經已，長者子輸屢那遠塵離垢，得法眼淨。時，長者子輸屢那見法、得法，不由於他，於正法中，得無所畏。從座起，偏袒右肩，胡跪合掌，白舍利弗言：「我今已度，我從今日歸依佛、歸依法、歸依僧，為優婆塞。我從今日已，盡壽命，清淨歸依三寶。」

時，長者子輸屢那聞舍利弗所說，歡喜踊躍，作禮而去。

雜阿含經卷第二

◉三七（二六〇）

如是我聞：

一時，佛住舍衛國祇樹給孤獨園。

爾時，尊者舍利弗詣尊者阿難所，共相問訊已，卻坐一面。

時，尊者舍利弗問尊者阿難言：「欲有所問，仁者寧有閑暇見答以不？」

阿難言：「仁者且問，知者當答。」

舍利弗言：「阿難！所謂滅者，云何爲滅？誰有此滅？」

阿難言：「舍利弗！五受陰是本行所作，本所思願，是無常、滅法；彼法滅故，是名爲滅。云何爲五？所謂色受陰是本行所作、本所思願，是無常、滅法；彼法滅故，是名爲滅。如是受、想、行、識，是本行所作、本所思願，是無常、滅法；彼法滅故，是名爲滅。」

舍利弗言：「如是！如是！阿難！如汝所說，此五受陰是本行所作、本所思願，是無常、滅法；彼法滅故，是名爲滅。云何爲五？所謂色受陰是本行所作、本所思願，是無常、滅法；彼法滅故，是名爲滅。如是受、想、行、識，是本行所作，本所思願，是無常、滅法；彼法滅故，是名爲滅。阿難！此五受陰，若非本行所作、本所思願者，云何可滅？阿難！以五受陰，是本行所作、本所思願，是無常、滅法；彼法滅故，是名爲滅。」

時，二正士各聞所說，歡喜而去。

◉三九（二六二）

如是我聞：

一時，有衆多上座比丘，住波羅㮈國仙人住處鹿野苑中，佛般泥洹未久。

時，長老闡陀晨朝著衣持鉢，入波羅㮈城乞食。食已，還攝衣鉢，洗足已，持戶鈎，從林至林，從房至房，從經行處至經行處，處處請諸比丘言：「當教授我，爲我說法，令我知法、見法！我當如法知、如法觀。」

時，諸比丘語闡陀言：「色無常，受、想、行、識無常；一切行無常，一切法無我，涅槃寂滅。」

闡陀語諸比丘言：「我已知色無常，受、想、行、識無常，一切行無常，一切法無我，涅槃寂滅。」

闡陀復言：「然我不喜聞：一切諸行空寂、不可得、愛盡、離欲、涅槃。此中云何有我，而言如是知、如是見是名見法？」第二、第三亦如是說。

闡陀復言：「是中誰復有力堪能爲我說法，令我知法、見法！」復作是念：「尊者阿難，今在拘睒彌國瞿師羅園，曾供養親覲世尊，佛所讚歎，諸梵行者皆悉識知，彼必堪能爲我說法，令我知法、見法。」

時，闡陀過此夜已，晨朝著衣持鉢，入波羅㮈城乞食。食已，還攝舉臥具，攝臥具已，持衣鉢詣拘睒彌國。漸漸遊行到拘睒彌國，攝舉衣鉢，洗足已，詣尊者阿難所，共相問訊已，卻坐一面。

時，闡陀語尊者阿難言：「一時，諸上座比丘住波羅㮈國仙人住處鹿野苑中。時，我晨朝著衣持鉢，入波羅㮈城乞食。食已，還攝衣鉢。洗足已，持戶鉤，從林至林，從房至房，從經行處至經行處，處處見諸比丘，而請之言：『當教授我，爲我說法，令我知法、見法！』時，諸比丘爲我說法言：『色無常，受、想、行、識無常，一切行無常，一切法無我，涅槃寂滅。』我爾時語諸比丘言：『我已知色無常，受、想、行、識無常，一切行無常，一切法無我，涅槃寂滅。然我不喜聞：一切諸行空寂、不可得、愛盡、離欲、涅槃。此中云何有我，而言如是知、如是見是名見法？』我爾時作是念：是中誰復有力堪能爲我說法，令我知法、見法？我時復作是念：尊者阿難今在拘睒彌國瞿師羅園，曾供養親覲世尊，佛所讚歎，諸梵行者皆悉知識，彼必堪能爲我說法，令我知法、見法。善哉！尊者阿難今當爲我說法，令我知法、見法！」

時，尊者阿難語闡陀言：「善哉！闡陀！我意大喜，我慶仁者能於梵行人前，無所覆藏，破虛僞刺。闡陀！愚癡凡夫所不能解色無常，受、想、行、識無常，一切諸行無常，一切法無我，涅槃寂滅。汝今堪受勝妙法，汝今諦聽，當爲汝說。」

時，闡陀作是念：我今歡喜，得勝妙心，得踊悅心，我今堪能受勝妙法。

爾時，阿難語闡陀言：「我親從佛聞，教摩訶迦旃延言：『世人顛倒依於二邊，若有、若無；世人取諸境界，心便計著。迦旃延！若不受、不取、不住、不計於我，此苦生時生、滅時滅。迦旃延！於此不疑、不惑、不由於他而能自知，是名正見，如來所說。所以者何？迦旃延！如實正觀世間集者，則不生世間無見；如實正觀世間滅，則不生世間有見。迦旃延！如來離於二邊，說於中道：所謂此有故彼有，此生故彼生，謂緣無明有行，……乃至生、老、病、死、憂、悲、惱苦集；所謂此無故彼無，此滅故彼滅，謂無明滅則行滅，……乃至生、老、病、死、憂、悲、惱苦滅。』」

尊者阿難說是法時，闡陀比丘遠塵離垢，得法眼淨。爾時，闡陀比丘見法、得法、知法、起法，超越狐疑，不由於他，於大師教法，得無所畏。恭敬合掌白尊者阿難言：「正應如是。如是智慧梵行，善知識教授教誡說法。我今從尊者阿難所，聞如是法，於一切行皆空、皆寂、悉不可得、愛盡、離欲、滅盡、涅槃，心樂正住解脫，不復轉還，不復見我，唯見正法。」

時，阿難語闡陀言：「汝今得大善利，於甚深佛法中，得聖慧眼！」

時，二正士展轉隨喜，從座而起，各還本處。

輸屢那三種，無明亦有三；
無間等及滅，富留那．闡陀。

◉四二（二六五）

如是我聞：

一時，佛住阿毗陀處恆河側。

爾時，世尊告諸比丘：「譬如恆河大水暴起，隨流聚沫。明目士夫諦觀分別。諦觀分別時：無所有、無牢、無實、無有堅固。所以者何？彼聚沫中無堅實故。如是諸所有色，若過去、若未來、若現在，若內、若外，若麁、若細，若好、若醜，若遠、若近，比丘！諦觀思惟分別：無所有、無牢、無實、無有堅固，如病、如癰、如刺、如殺，無常、苦、空、非我。所以者何？色無堅實故。

「諸比丘！譬如大雨水泡，一起一滅。明目士夫諦觀思惟分別。諦觀思惟分別時：無所有、無牢、無實、無有堅固。所以者何？以彼水泡無堅實故。如是，比丘！諸所有受，若過去、若未來、若現在，若內、若外，若麁、若細，若好、若醜，若遠、若近，比丘！諦觀思惟分別。諦觀思惟分別時：無所有、無牢、無實、無有堅固，如病、如癰、如刺、如殺，無常、苦、空、非我。所以者何？以受無堅實故。

「諸比丘！譬如春末夏初，無雲無雨，日盛中時，野馬流動。明目士夫諦觀思惟分別。諦觀思惟分別時：無所有、無牢、無實、無有堅固。所以者何？以彼野馬無堅實故。如是，比丘！諸所有想，若過去、若未來、若現在，若內、若外，若麁、若細，若好、若醜，若遠、若近，比丘！諦觀思惟分別。諦觀思惟分別時：無所有、無牢、無實、無有堅固，如病、如癰、如刺、如殺，無常、苦、空、非我。所以者何？以想無堅實故。

「諸比丘！譬如明目士夫求堅固材，執持利斧，入於山林，見大芭蕉樹，𦟛直長大，即伐其根，斬截其峯，葉葉次剝，都無堅實，諦觀思惟分別。諦觀思惟分別時：無所有、無牢、無實、無有堅固。所以者何？以彼芭蕉無堅實故。如是，比丘！諸所有行，若過去、若未來、若現在，若內、若外，若麁、若細，若好、若醜，若遠、若近，比丘！諦觀思惟分別。諦觀思惟分別時：無所有、無牢、無實、無有堅固，如病、如癰、如刺、如殺，無常、苦、空、非我。所以者何？以彼諸行無堅實故。

「諸比丘！譬如幻師、若幻師弟子，於四衢道頭，幻作象兵、馬兵、車兵、步兵，有智明目士夫諦觀思惟分別。諦觀思惟分別時：無所有、無牢、無實、無有堅固。所以者何？以彼幻無堅實故。如是，比丘！諸所有識，若過去、若未來、若現在，若內、若外，若麁、若細，若好、若醜，若遠、若近，比丘！諦觀思惟分別。諦觀思惟分別時：無所有、無牢、無實、無有堅固，如病、如癰、如刺、如殺，無常、苦、空、非我。所以者何？以識無堅實故。」

爾時，世尊欲重宣此義而說偈言：

觀色如聚沫，受如水上泡，想如春時燄，諸行如芭蕉，
諸識法如幻，日種姓尊說。周匝諦思惟，正念善觀察，
無實不堅固，無有我我所。於此苦陰身，大智分別說：
離於三法者，身爲成棄物，壽暖及諸識，離此餘身分，
永棄丘塚間，如木無識想。此身常如是，幻僞誘愚夫；
如殺如毒刺，無有堅固者。比丘勤修習，觀察此陰身，
晝夜常專精，正智繫念住，有爲行長息，永得清涼處。

時，諸比丘聞佛所說，歡喜奉行！

◉四四（二六七）

如是我聞：

一時，佛住舍衛國祇樹給孤獨園。

爾時，世尊告諸比丘：「衆生於無始生死，無明所蓋，愛結所繫，長

夜輪迴生死，不知苦際。諸比丘！譬如狗繩繫著柱，結繫不斷故，順柱而轉，若住、若臥，不離於柱。如是凡愚眾生，於色不離貪欲，不離愛，不離念，不離渴，輪迴於色，隨色轉，若住、若臥，不離於色；如是受、想、行、識，隨受、想、行、識轉，若住、若臥，不離於識。

「諸比丘！當善思惟觀察於心。所以者何？長夜心爲貪欲所染，瞋恚、愚癡所染故。比丘！心惱故眾生惱，心淨故眾生淨。比丘！我不見一色種種如斑色鳥，心復過是。所以者何？彼畜生心種種故，色種種。

「是故，比丘！當善思惟觀察於心。諸比丘！長夜心貪欲所染，瞋恚、愚癡所染，心惱故眾生惱，心淨故眾生淨。比丘當知！汝見嗟蘭那鳥種種雜色不？」

答言：「曾見，世尊！」

佛告比丘：「如嗟蘭那鳥種種雜色，我說彼心種種雜亦復如是。所以者何？彼嗟蘭那鳥心種種故其色種種。是故，當善觀察思惟於心長夜種種，貪欲、瞋恚、愚癡種種，心惱故眾生惱，心淨故眾生淨。譬如畫師、畫師弟子，善治素地，具衆彩色，隨意圖畫種種像類。

「如是，比丘！凡愚衆生，不如實知色、色集、色滅、色味、色患、色離。於色不如實知故，樂著於色；樂著色故，復生未來諸色。如是凡愚不如實知受、想、行、識、識集、識滅、識味、識患、識離。不如實知故，樂著於識；樂著識故，復生未來諸識。當生未來色、受、想、行、識故，於色不解脫，受、想、行、識不解脫，我說彼不解脫生、老、病、死、憂、悲、惱、苦。

「有多聞聖弟子，如實知色、色集、色滅、色味、色患、色離。如實知故，不樂著於色；以不樂著故，不生未來色。如實知受、想、行、識、識集、識滅、識味、識患、識離。如實知故，不樂著於識；不樂著故，不生未來諸識。不樂著於色、受、想、行、識故，於色得解脫，受、想、行、識得解脫，我說彼等解脫生、老、病、死、憂、悲、惱、苦。」

佛說此經已，時，諸比丘聞佛所說，歡喜奉行。

◉四七（二七〇）

如是我聞：

一時，佛住舍衛國祇樹給孤獨園。

爾時，世尊告諸比丘：「無常想修習多修習，能斷一切欲愛、色愛、無色愛、掉慢、無明。譬如田夫，於夏末秋初深耕其地，發荄斷草。如是，比丘！無常想修習、多修習，能斷一切欲愛、色愛、無色愛、掉慢、無明。

「譬如，比丘！如人刈草，手攬其端，舉而抖擻，萎枯悉落，取其長者。如是，比丘！無常想修習多修習，能斷一切欲愛、色愛、無色愛、掉慢、無明。

「譬如菴羅果著樹，猛風搖條，果悉墮落。如是，無常想修習多修習，能斷一切欲愛、色愛、無色愛、掉慢、無明。

「譬如樓閣，中心堅固，衆材所依，攝受不散。如是，無常想修習多修習，能斷一切欲愛、色愛、無色愛、掉慢、無明。

「譬如一切衆生跡，象跡爲大，能攝受故。如是，無常想修習多修習，能斷一切欲愛、色愛、無色愛、掉慢、無明。

「譬如閻浮提一切諸河，悉赴大海，其大海者，最爲第一，悉攝受故。如是，無常想修習多修習，能斷一切欲愛、色愛、無色愛、掉慢、無明。

「譬如日出，能除一切世間闇冥。如是無常想修習多修習，能斷一切欲愛、色愛、無色愛、掉慢、無明。

「譬如轉輪聖王，於諸小王最上、最勝！如是，無常想修習多修習，能斷一切欲愛、色愛、無色愛、掉慢、無明。

「諸比丘！云何修無常想，修習多修習，能斷一切欲愛、色愛、無色愛、掉慢、無明？若比丘於空露地，若林樹間，善正思惟，觀察色無常，受、想、行、識無常。如是思惟，斷一切欲愛、色愛、無色愛、掉慢、無明。所以者何？無常想者，能建立無我想。聖弟子住無我想，心離我慢，順得涅槃。」

佛說是經已，時，諸比丘聞佛所說，歡喜奉行。

雜阿含經卷第三

◉五一（六〇）

如是我聞：

一時，佛住舍衛國祇樹給孤獨園。

爾時，世尊告諸比丘：「有五受陰。何等為五？所謂色受陰，受、想、行、識受陰。善哉！比丘不樂於色，不讚歎色，不取於色，不著於色。善哉！比丘！不樂於受、想、行、識，不讚歎識，不取於識，不著於識。所以者何？若比丘不樂於色，不讚歎色，不取於色，不著於色，則於色不樂，心得解脫。如是受、想、行、識，不樂於識，不讚歎識，不取於識，不著於識，則於識不樂，心得解脫。若比丘不樂於色，心得解脫。如是受、想、行、識不樂，心得解脫。不滅不生，平等捨住，正念正智。

「彼比丘如是知、如是見者，前際俱見，永盡無餘；前際俱見，永盡無餘已，後際俱見，亦永盡無餘；後際俱見，永盡無餘已，前後際俱見，永盡無餘，無所封著。無所封著者，於諸世間都無所取；無所取者，亦無所求；無所求者，自覺涅槃：我生已盡，梵行已立，所作已作，自知不受後有。」

佛說此經已，時，諸比丘聞佛所說，歡喜奉行。

◉五二（六一）

如是我聞：

一時，佛住舍衛國祇樹給孤獨園。

爾時，世尊告諸比丘：「有五受陰，何等爲五？謂色受陰，受、想、行、識受陰。

「云何色受陰？所有色，彼一切四大，及四大所造色，是名爲色受陰。復次，彼色是無常、苦、變易之法，若彼色受陰，永斷無餘，究竟捨離、滅盡、離欲、寂沒，餘色受陰更不相續，不起、不出，是名爲妙，是名寂靜，是名捨離，一切有餘愛盡、無欲、滅盡、涅槃。

「云何受受陰？謂六受身。何等爲六？謂眼觸生受，耳、鼻、舌、身、意觸生受，是名受受陰。復次，彼受受陰無常、苦、變易之法，……乃至滅盡、涅槃。

「云何想受陰？謂六想身。何等爲六？謂眼觸生想，……乃至意觸生想，是名想受陰。復次，彼想受陰無常、苦、變易之法，……乃至滅盡、涅槃。

「云何行受陰？謂六思身。何等爲六？謂眼觸生思，……乃至意觸生思，是名行受陰。復次，彼行受陰無常、苦、變易之法，……乃至滅盡、涅槃。

「云何識受陰？謂六識身。何等爲六？謂眼識生身，……乃至意識身，是名識受陰。復次，彼識受陰是無常、苦、變易之法，……乃至滅盡、涅槃。

「比丘！若於此法以智慧思惟、觀察、分別、忍，是名隨信行；超昇離生，越凡夫地，未得須陀洹果，中間不死，必得須陀洹果。

「比丘！若於此法增上智慧思惟、觀察、忍，是名隨法行；超昇離生，越凡夫地，未得須陀洹果，中間不死，必得須陀洹果。

「比丘！於此法如實正慧等見，三結盡斷知，謂身見、戒取、疑。比丘！是名須陀洹果；不墮惡道，必定正趣三菩提，七有天人往生，然後究竟苦邊。

「比丘！若於此法如實正慧等見，不起心漏，名阿羅漢；諸漏已盡，所作已作，捨離重擔，逮得己利，盡諸有結，正智心得解脫。」

佛說此經已，諸比丘聞佛所說，歡喜奉行。

◉五五（六四）

如是我聞：

一時，佛住舍衛國東園鹿子母講堂。

爾時，世尊晡時從禪起，出講堂，於堂陰中大衆前，敷座而坐。爾時，世尊歎優陀那偈：

法無有吾我，亦復無我所；
我既非當有，我所何由生？
比丘解脫此，則斷下分結。

時有一比丘，從座起，偏袒右肩，右膝著地，合掌白佛言：「世尊！云何『無吾我，亦無有我所；我既非當有，我所何由生，比丘解脫此，則斷下分結？』」

佛告比丘：「愚癡無聞凡夫，計色是我，異我、相在；受、想、行、識，是我，異我，相在。多聞聖弟子，不見色是我、異我、相在；不見受、想、行、識，是我、異我、相在，亦非知者，亦非見者。此色是無常，受、想、行、識是無常。色是苦，受、想、行、識是苦；色是無我，受、想、行、識是無我；此色非當有，受、想、行、識非當有；此色壞有，受、想、行、識壞有；故非我、非我所，我、我所非當有，如是解脫者，則斷五下分結。」

時，彼比丘白佛言：「世尊！斷五下分結已，云何漏盡，無漏心解脫、慧解脫，現法自知作證具足住：我生已盡，梵行已立，所作已作，自知不受後有？」

佛告比丘：「愚癡凡夫、無聞衆生於無畏處而生恐畏。愚癡凡夫、無聞衆生怖畏：無我、無我所，二俱非當生。

「攀緣四識住，何等爲四？謂色識住、色攀緣、色愛樂、增進廣大生長；於受、想、行、識住、攀緣、愛樂、增進廣大生長。比丘！識於此處，若來、若去、若住、若起、若滅，增進廣大生長。若作是說：更有異法，識若來、若去、若住、若起、若滅、若增進廣大生長者。但有言說，問已不知，增益生癡，以非境界故。所以者何？比丘！離色界貪已，於色意生縛亦斷；於色意生縛斷已，識攀緣亦斷，識不復住，無復增進廣大生長。受、想、行界離貪已，於受、想、行意生縛亦斷，受、想、行意生縛斷已，攀緣亦斷，識無所住，無復增進廣大生長。識無所住故不增長；不增長故無所為作，無所為作故則住，住故知足，知足故解脫，解脫故於諸世間都無所取，無所取故無所著，無所著故自覺涅槃：我生已盡，梵行已立，所作已作，自知不受後有。比丘！我說識不住東方、南、西、北方、四維，上、下，除欲見法，涅槃滅盡、寂靜清涼。」

佛說此經已，諸比丘聞佛所說，歡喜奉行。

生滅以不樂，及三種分別，
貪著等觀察，是名優陀那。

◉六三（七二）

如是我聞：

一時，佛住舍衛國祇樹給孤獨園。

爾時，世尊告諸比丘：「當說所知法、智及智者。諦聽，善思！當爲汝說。云何所知法？謂五受陰。何等爲五？色受陰，受、想、行、識受陰，是名所知法。

「云何爲智？調伏貪欲、斷貪欲、越貪欲，是名爲智。

「云何智者？阿羅漢是。阿羅漢者，非有他世死，非無他世死，非有無他世死，非非有無他世死，廣說無量，諸數永滅。是名說所知法、智及智者。」

佛說此經已，諸比丘聞佛所說，歡喜奉行。

◉七一（八〇）

如是我聞：

一時，佛住舍衛國祇樹給孤獨園。

爾時，世尊告諸比丘：「當說聖法印及見清淨。諦聽！善思！若有比丘作是說：我於空三昧未有所得，而起無相、無所有、離慢知見者，莫作是說。所以者何？若於空未得者而言我得無相、無所有，離慢知見者，無有是處！若有比丘作是說：我得空，能起無相、無所有、離慢知見者，此則善說。所以者何？若得空已，能起無相、無所有、離慢知見者，斯有是處！云何為聖弟子及見清淨？」

比丘白佛：「佛為法根，法眼、法依，唯願為說！諸比丘聞說法已，如說奉行。」

佛告比丘：「若比丘於空閑處樹下坐，善觀色無常、磨滅、離欲之法；如是觀察受、想、行、識，無常、磨滅、離欲之法。觀察彼陰無常、磨滅、不堅固、變易法，心樂、清淨、解脫，是名為空；如是觀者，亦不能離慢、知見清淨。

「復有正思惟三昧，觀色相斷，聲、香、味、觸法相斷，是名無相；如是觀者，猶未離慢、知見清淨。

「復有正思惟三昧，觀察貪相斷，瞋恚、癡相斷，是名無所有；如是觀者，猶未離慢、知見清淨。

「復有正思惟三昧，觀察我、我所從何而生？

「復有正思惟三昧，觀察我、我所，從若見、若聞、若嗅、若嘗、若觸、若識而生。

「復作是觀察：若因、若緣而生識者，彼識因、緣，爲常、爲無常？

「復作是思惟：若因、若緣而生識者，彼因、彼緣皆悉無常。復次，彼因、彼緣皆悉無常，彼所生識云何有常？

「無常者，是有爲行，從緣起，是患法，滅法，離欲法，斷知法，是名聖法印、知見清淨；是名比丘當說聖法印、知見清淨，如是廣說。」

佛說此經已，諸比丘聞佛所說，歡喜奉行。

雜阿含經卷第四

◉八三（三七）

如是我聞：

一時，佛住舍衞國祇樹給孤獨園。

爾時，世尊告諸比丘：「我不與世間諍，世間與我諍。所以者何？比丘！若如法語者，不與世間諍，世間智者言有，我亦言有。云何爲世間智者言有，我亦言有？比丘！色無常、苦、變易法，世間智者言有，我亦言有。如是受、想、行、識，無常、苦、變易法，世間智者言有，我亦言有。世間智者言無，我亦言無；謂色是常、恆、不變易、正住者，世間智者言無，我亦言無。受、想、行、識，常、恆、不變易、正住者，世間智者言無，我亦言無。是名世間智者言無，我亦言無。比丘！有世間世間法，我亦自知自覺，爲人分別演說顯示。世間盲無目者不知不見，非我咎也。

「諸比丘！云何爲世間世間法，我自知，我自覺，爲人演說，分別顯示，盲無目者不知不見？是比丘！色無常、苦、變易法，是名世間世間法；如是受、想、行、識，無常、苦，是世間世間法。比丘！此世間世間法，我自知自覺，爲人分別演說顯示，盲無目者不知不見。我於彼盲無目不知不見者，其如之何！」

佛說此經已，諸比丘聞佛所說，歡喜奉行！

◉八八（四二）

如是我聞：

一時，佛住舍衛國祇樹給孤獨園。

爾時，世尊告諸比丘：「有七處善、三種觀義。盡於此法得漏盡，得無漏，心解脫、慧解脫，現法自知身作證具足住：我生已盡，梵行已立，所作已作，自知不受後有。云何比丘七處善？比丘！如實知色，色集，色滅，色滅道跡，色味，色患，色離如實知；如是受、想、行、識，識集、識滅、識滅道跡、識味、識患、識離如實知。

「云何色如實知？諸所有色、一切四大及四大造色，是名為色，如是色如實知。云何色集如實知？愛喜是名色集，如是色集如實知。云何色滅如實知？愛喜滅，是名色滅，如是色滅如實知。云何色滅道跡如實知？謂八聖道：正見，正志，正語，正業，正命，正方便，正念，正定，是名色滅道跡，如是色滅道跡如實知。云何色味如實知？謂色因緣生喜樂，是名色味；如是色味如實知。云何色患如實知？若色無常、苦、變易法，是名色患，如是色患如實知。云何色離如實知？謂於色調伏欲貪、斷欲貪、越欲貪，是名色離，如是色離如實知。

「云何受如實知？謂六受：眼觸生受，耳、鼻、舌、身、意觸生受，是名受，如是受如實知。云何受集如實知？觸集是受集，如是受集如實知。云何受滅如實知？觸滅是受滅，如是受滅如實知。云何受滅道跡如實知？謂八聖道：正見……乃至正定，是名受滅道跡，如是受滅道跡如實知。云何受味如實知？受因緣生喜樂，是名受味，如是受味如實知。云何受患如實知？若受無常、苦、變易法，是名受患，如是受患如實知。云何受離如實知？若於受調伏欲貪、斷欲貪、越欲貪，是名受離，如是受離如實知。

「云何想如實知？謂六想：眼觸生想，耳、鼻、舌、身、意觸生想，是名爲想，如是想如實知。云何想集如實知？觸集是想集，如是想集如實知。云何想滅如實知？觸滅是想滅，如是想滅如實知。云何想滅道跡如實知？謂八聖道：正見……乃至正定，是名想滅道跡，如是想滅道跡如實知。云何想味如實知？想因緣生喜樂，是名想味，如是想味如實知。云何想患如實知？若想無常、苦、變易法，是名想患，如是想患如實知。云何想離如實知？若於想調伏欲貪、斷欲貪、越欲貪，是名想離，如是想離如實知。

「云何行如實知？謂六思身：眼觸生思，耳、鼻、舌、身、意觸生思，是名為行，如是行如實知。云何行集如實知？觸集是行業，如是行集如實知。云何行滅如實知？觸滅是行滅，如是行滅如實知。云何行滅道跡如實知？謂八聖道：正見……乃至正定，是名行滅道跡，如是行滅道跡如實知。云何行味如實知？行因緣生喜樂，是名行味，如是行味如實知。云何行患如實知？若行無常、苦、變易法，是名行患，如是行患如實知。云何行離如實知？若於行調伏欲貪、斷欲貪、越欲貪，是名行離，如是行離如實知。

「云何識如實知？謂六識身：眼識身，耳、鼻、舌、身、意識身，是名爲識，如是識如實知。云何識集如實知？名色集是識集，如是識集如實知。云何識滅如實知？名色滅是識滅，如是識滅如實知。云何識滅道跡如實知？謂八聖道：正見……乃至正定，是名識滅道跡，如是識滅道跡如實知。云何識味如實知？識因緣生喜樂，是名識味，如是識味如實知。云何識患如實知？若識無常、苦、變易法，是名識患，如是識患如實知。云何識離如實知？若識調伏欲貪、斷欲貪、越欲貪，是名識離如實知。比丘！是名七處善。

「云何三種觀義？比丘！若於空閑、樹下、露地，觀察陰、界、入，正方便思惟其義，是名比丘三種觀義。是名比丘七處善、三種觀義。盡於此法得漏盡，得無漏，心解脫、慧解脫，現法自知作證具足住：我生已盡，梵行已立，所作已作，自知不受後有。」

佛說此經已，諸比丘聞佛所說，歡喜奉行。

◉九二（四六）

如是我聞：

一時，佛住舍衛國祇樹給孤獨園。

爾時，世尊告諸比丘：「有五受陰。云何爲五？色受陰，受、想、行、識受陰。若沙門、婆羅門以宿命智自識種種宿命，已識、當識、今識，皆於此五受陰；已識、當識、今識，我過去所經。如是色、如是受、如是想、如是行、如是識。若可閡、可分，是名色受陰。指所閡，若手、若石、若杖、若刀、若冷、若暖、若渴、若飢、若蚊、虻、諸毒蟲、風、雨觸，是名觸閡，是故閡是色受陰。復以此色受陰，無常、苦、變易。諸覺相是受受陰，何所覺？覺苦、覺樂、覺不苦不樂，是故名覺相是受受陰。復以此受受陰，是無常、苦、變易。諸想是想受陰，何所想？少想、多想、無量想，都無所有，作無所有想，是故名想受陰。復以此想受陰，是無常、苦、變易法。爲作相是行受陰，何所爲作？於色爲作，於受、想、行、識爲作，是故爲作相是行受陰。復以此行受陰是無常、苦、變易法。別知相是識受陰，何所識？識色，識聲、香、味、觸、法，是故名識受陰。復以此識受陰是無常、苦、變易法。

「諸比丘！彼多聞聖弟子於此色受陰作如是學：我今爲現在色所食，過去世已曾爲彼色所食，如今現在。復作是念：我今爲現在色所食，我若復樂著未來色者，當復爲彼色所食，如今現在。作如是知已，不顧過去色，不樂著未來色，於現在色生厭、離欲、滅盡，向滅。多聞聖弟子，於此受、想、行、識受陰學：我今現在爲現在識所食，於過去世已曾爲識所食，如今現在。我今已爲現在識所食，若復樂著未來識者，亦當復爲彼識所食，如今現在。如是知已，不顧過去識，不樂未來識，於現在識生厭、離欲、滅盡、向滅，滅而不增，退而不進，滅而不起，捨而不取。

「於何滅而不增？色滅而不增，受、想、行、識滅而不增。於何退而不進？色退而不進，受、想、行、識退而不進。於何滅而不起？色滅而不起，受、想、行、識滅而不起。於何捨而不取？色捨而不取，受、想、行、識捨而不取。

「滅而不增，寂滅而住；退而不進，寂退而住；滅而不起，寂滅而住；捨而不取，不生繫著；不繫著已，自覺涅槃：我生已盡，梵行已立，所作已作，自知不受後有。」

佛說此經時，眾多比丘不起諸漏，心得解脫。

佛說此經已，諸比丘聞佛所說，歡喜奉行。

我．卑下．種子，封滯．五轉七，

二繫著及覺，三世陰世食。

◉九九（五三）

如是我聞：

一時，佛在拘薩羅國人間遊行，於薩羅聚落村北申恕林中住。

爾時，聚落主大姓婆羅門聞：沙門釋種子於釋迦大姓，剃除鬚髮，著袈裟衣，正信、非家，出家學道，成無上等正覺，於此拘薩羅國人間遊行，到薩羅聚落村北申恕林中住。又彼沙門瞿曇如是色貌名稱，真實功德，天、人讚歎，聞于八方，爲如來、應、等正覺、明行足、善逝、世間解、無上士、調御丈夫、天人師、佛、世尊。於諸世間、諸天、魔、梵、沙門、婆羅門中，大智能自證知：我生已盡，梵行已立，所作已作，自知不受後有。爲世說法，初、中、後善，善義、善味，純一滿淨，梵行清白，演說妙法。善哉應見！善哉應往！善應敬事！作是念已，即便嚴駕，多將翼從，執持金瓶、金杖、傘蓋，往詣佛所，恭敬奉事。到於林口，下車步進，至世尊所，問訊安不，卻坐一面。白世尊曰：「沙門瞿曇！何論何說？」

佛告婆羅門：「我論因、說因。」

又白佛曰：「云何論因？云何說因？」佛告婆羅門：「有因有緣集世間，有因有緣世間集；有因有緣滅世間，有因有緣世間滅。」

婆羅門白佛言：「世尊！云何爲有因有緣集世間，有因有緣世間集？」佛告婆羅門：「愚癡無聞凡夫色集、色滅、色味、色患、色離，不如實知。不如實知故，愛樂於色，讚歎於色，染著心住；彼於色愛樂故取，取緣有，有緣生，生緣老、死、憂、悲、惱、苦，是則大苦聚集。受、想、行、識亦復如是。婆羅門！是名有因有緣集世間，有因有緣世間集。」

婆羅門白佛言：「云何爲有因有緣滅世間，有因有緣世間滅？」

佛告婆羅門：「多聞聖弟子於色集、色滅、色味、色患、色離如實知。如實知已，於彼色不愛樂、不讚歎、不染著、不留住。不愛樂、不留住故，色愛則滅，愛滅則取滅，取滅則有滅，有滅則生滅，生滅則老、死、憂、悲、惱苦滅。受、想、行、識，亦復如是。婆羅門！是名有因有緣滅世間，是名有因有緣世間滅。婆羅門！是名論因，是名說因。」

婆羅門白佛言：「瞿曇！如是論因，如是說因，世間多事，今請辭還。」佛告婆羅門：「宜知是時。」

佛說此經已，諸婆羅門聞佛所說，歡喜隨喜，禮足而去。

◉一〇三（五七）

如是我聞：

一時，佛住舍衛國祇樹給孤獨園。

爾時，世尊著衣持鉢，入舍衛城乞食。還持衣鉢，不語衆，不告侍者，獨一無二，於西方國土人間遊行。

時，安陀林中有一比丘，遙見世尊不語衆，不告侍者，獨一無二。見已，進詣尊者阿難所，白阿難言：「尊者！當知世尊不語衆，不告侍者，獨一無二而出遊行。」

爾時，阿難語彼比丘：「若使世尊不語衆，不告侍者，獨一無二而出遊行，不應隨從。所以者何？今日世尊欲住寂滅少事故。」

爾時，世尊遊行北至半闍國波陀聚落，於人所守護林中，住一跋陀薩羅樹下。時有衆多比丘詣阿難所，語阿難言：「今問世尊住在何所？」

阿難答曰：「我聞世尊北至半闍國波陀聚落，人所守護林中跋陀薩羅樹下。」

時，諸比丘語阿難曰：「尊者當知，我等不見世尊已久，若不憚勞者，可共往詣世尊？」哀愍故，阿難知時，默然而許。

爾時，尊者阿難與衆多比丘夜過晨朝，著衣持鉢，入舍衞城乞食。乞食已，還精舍，舉臥具，持衣鉢，出至西方人間遊行，北至半闍國波陀聚落人守護林中。時，尊者阿難與衆多比丘置衣鉢，洗足已，詣世尊所，頭面禮足，於一面坐。

爾時，世尊爲衆多比丘說法，示、教、利、喜。

爾時，座中有一比丘作是念：「云何知、云何見，疾得漏盡？」爾時，世尊知彼比丘心之所念，告諸比丘：「若有比丘於此座中作是念：『云何知、云何見，疾得漏盡？』者，我已說法言：『當善觀察諸陰，所謂四念處、四正勤、四如意足、五根、五力、七覺分、八聖道分。』我已說如是法，觀察諸陰。而今猶有善男子不勤欲作、不勤樂、不勤念、不勤信，而自慢惰，不能增進得盡諸漏。若復善男子於我所說法，觀察諸陰，勤欲、勤樂、勤念、勤信，彼能疾得盡諸漏。

「愚癡無聞凡夫於色見是我，若見我者，是名爲行。彼行何因？何集？何生？何轉？無明觸生愛，緣愛起彼行。

「彼愛何因？何集？何生？何轉？彼愛受因、受集、受生、受轉。

「彼受何因？何集？何生？何轉？彼受觸因、觸集、觸生、觸轉。

「彼觸何因？何集？何生？何轉？謂彼觸六入處因、六入處集、六入處生、六入處轉。彼六入處無常有爲，心緣起法；彼觸受、行受，亦無常有爲，心緣起法。

「如是觀者，而見色是我；不見色是我，而見色是我所；不見色是我所，而見色在我；不見色在我，而見我在色；不見我在色，而見受是我；不見受是我，而見受是我所；不見受是我所，而見受在我；不見受在我，而見我在受；不見我在受，而見想是我；不見想是我，而見想是我所；不見想是我所，而見想在我；不見想在我，而見我在想；不見我在想，而見行是我；不見行是我，而見行是我所；不見行是我所，而見行在我；不見行在我，而見我在行；不見我在行，而見識是我，不見識是我，而見識是我所；不見識是我所，而見識在我；不見識在我，而見我在識；不見我在識，復作斷見、壞有見；不作斷見、壞有見，而不離我慢。不離我慢者，而復見我，見我即是行。彼行何因？何集？何生？何轉？如前所說，乃至我慢。作如是知、如是見者，疾得漏盡。」

佛說經已，諸比丘聞佛所說，歡喜奉行！

雜阿含經卷第五

◉一〇五（一〇三）

如是我聞：

一時，有衆多上座比丘，住拘舍彌國瞿師羅園。

時，有差摩比丘，住拘舍彌國跋陀梨園，身得重病。

時，有陀娑比丘爲瞻病者。時，陀娑比丘詣諸上座比丘，禮諸上座比丘足，於一面住。

諸上座比丘告陀娑比丘言：「汝往詣差摩比丘所，語言：『諸上座問汝：身小差安隱，苦患不增劇耶？』」

時，陀娑比丘受諸上座比丘教，至差摩比丘所，語差摩比丘言：「諸上座比丘問訊，汝苦患漸差不？衆苦不至增耶？」

差摩比丘語陀娑比丘言：「我病不差，不安隱身，諸苦轉增無救。譬如多力士夫，取羸劣人，以繩縛頭，兩手急絞，極大苦痛，我今苦痛有過於彼。譬如屠牛，以利刀生割其腹，取其內藏，其牛腹痛當何可堪！我今腹痛甚於彼牛。如二力士捉一劣夫，懸著火上，燒其兩足，我今兩足熱過於彼。」

時，陀娑比丘還至諸上座所，以差摩比丘所説病狀，具白諸上座。

時，諸上座還遣陀娑比丘至差摩比丘所，語差摩比丘言：「世尊所説，有五受陰。何等爲五？色受陰，受、想、行、識受陰，汝差摩能少觀察此五受陰非我、非我所耶？」

時，陀娑比丘受諸上座比丘教已，往語差摩比丘言：「諸上座語汝：

世尊說五受陰，汝少能觀察非我、非我所耶？」

差摩比丘語陀娑言：「我於彼五受陰能觀察非我、非我所。」

陀娑比丘還白諸上座：「差摩比丘言：『我於五受陰能觀察非我、非我所。』」

諸上座比丘復遣陀娑比丘語差摩比丘言：「汝能於五受陰觀察非我、非我所，如漏盡阿羅漢耶？」

時，陀娑比丘受諸上座比丘教，往詣差摩比丘所，語差摩言：「比丘能如是觀五受陰者，如漏盡阿羅漢耶？」

差摩比丘語陀娑比丘言：「我觀五受陰非我、非我所，非漏盡阿羅漢也。」

時，陀娑比丘還至諸上座所，白諸上座：「差摩比丘言：『我觀五受陰非我、非我所，而非漏盡阿羅漢也。』」

時，諸上座語陀娑比丘：「汝復還語差摩比丘：『汝言：我觀五受陰非我、非我所，而非漏盡阿羅漢。前後相違！』」

陀娑比丘受諸上座比丘教，往語差摩比丘：「汝言：我觀五受陰非我、非我所，而非漏盡阿羅漢。前後相違！」

差摩比丘語陀娑比丘言：「我於五受陰觀察非我、非我所，而非阿羅漢者，我於我慢、我欲、我使，未斷、未知、未離、未吐。」

陀娑比丘還至諸上座所，白諸上座：「差摩比丘言：『我於五受陰觀察非我、非我所，而非漏盡阿羅漢者，於五受陰我慢、我欲、我使，未斷、未知、未離、未吐。』」

諸上座復遣陀娑比丘語差摩比丘言：「汝言有我，於何所有我？為色是我？為我異色？受、想、行、識是我？為我異識耶？」

差摩比丘語陀娑比丘言：「我不言色是我，我異色；受、想、行、識是我，我異識。然於五受陰我慢、我欲、我使，未斷、未知、未離、未吐。」

差摩比丘語陀娑比丘言：「何煩令汝駈馳往反？汝取杖來，我自扶杖，詣彼上座，願授以杖。」差摩比丘即自扶杖，詣諸上座。

時，諸上座遙見差摩比丘扶杖而來，自爲敷座，安停腳机，自往迎接，爲持衣鉢，命令就座，共相慰勞。慰勞已，語差摩比丘言：「汝言我慢，何所見我？色是我耶？我異色耶？受、想、行、識是我耶？我異識耶？」

差摩比丘白言：「非色是我，非我異色；非受、想、行、識是我，非我異識。能於五受陰我慢、我欲、我使，未斷、未知、未離、未吐。譬如優鉢羅、鉢曇摩、拘牟頭、分陀利華香，爲即根香耶？爲香異根耶？爲莖葉鬚精、麤香耶？爲香異精、麤耶？爲等說不？」

諸上座答言：「不也。差摩比丘！非優鉢羅、鉢曇摩、拘牟頭、分陀利根即是香、非香異根，亦非莖葉鬚精、麤是香，亦非香異精、麤也。」

差摩比丘復問：「彼何等香？」

上座答言：「是華香。」

差摩比丘復言：「我亦如是。非色即我，我不離色；非受、想、行、識即我，我不離識。然我於五受陰見非我、非我所，而於我慢、我欲、我使，未斷、未知、未離、未吐。

「諸上座聽我說譬，凡智者，因譬類得解。譬如乳母衣，付浣衣者，以種種灰湯，浣濯塵垢，猶有餘氣，要以種種雜香，薰令消滅。如是，多聞聖弟子，離於五受陰，正觀非我、非我所，能於五受陰我慢、我欲、我使，未斷、未知、未離、未吐，然後於五受陰增進思惟，觀察生滅，此色、此色集、此色滅，此受、想、行、識，此識集，此識滅。於五受陰如是觀生滅已，我慢、我欲、我使，一切悉除，是名真實正觀。」

差摩比丘說此法時，彼諸上座遠塵離垢，得法眼淨。差摩比丘不起諸漏，心得解脫，法喜利故，身病悉除。

時，諸上座比丘語差摩比丘言：「我聞仁者初所說，已解已樂，況復重聞！所以問者，欲發仁者微妙辯才，非爲嬈亂汝，便堪能廣說如來、應、等正覺法。」

時，諸上座聞差摩比丘所說，歡喜奉行！

◉一一一（一〇九）

如是我聞：

一時，佛住舍衛國祇樹給孤獨園。

爾時，世尊告諸比丘：「譬如池水，方五十由旬，深亦如是，其水盈滿。復有士夫，以毛、以草，或以指爪，以渧彼水。諸比丘！於意云何？彼士夫水渧為多，池水為多？」

比丘白佛：「彼士夫以毛、以草，或以指爪，所渧之水，少不足言。池水甚多，百千萬倍不可為比。」

「如是，諸比丘！見諦者所斷衆苦，如彼池水，於未來世，永不復生。」

爾時，世尊說是法已，入室坐禪。

時，尊者舍利弗於衆中坐，世尊入室去後，告諸比丘：「未曾所聞！世尊今日善說池譬。所以者何？聖弟子具足見諦，得無間等果，若凡俗邪見、身見、根本身見、集身見、生身見起；謂憂慼隱覆，慶吉保惜、說我、說衆生、說奇特矜舉。如是衆邪悉皆除滅，斷除根本，如折多羅樹，於未來世更不復生。

「諸比丘！何等爲見諦聖弟子斷上衆邪，於未來世永不復起？愚癡無聞凡夫見色是我、異我、我在色、色在我；見受、想、行、識，是我、異我、我在識、識在我。

「云何見色是我？得地一切入處正受，觀已，作是念：地即是我，我即是地，我及地唯一無二，不異不別。如是水、火、風、青、黃、赤、白，一切入處正受，觀已，作是念：行即是我，我即是行，唯一無二，不異不別。如是於一切入處，一一計我，是名色即是我。云何見色異我？若彼見受是我，見受是我已，見色是我所，或見想、行、識即是我，見色是我所。

「云何見我中色？謂見受是我，色在我中；又見想、行、識即是我，色在我中。云何見色中我？謂見受即是我，於色中住，入於色，周遍其四體；見想、行、識是我，於色中住，周遍其四體，是名色中我。

「云何見受即是我？謂六受身：眼觸生受，耳、鼻、舌、身、意觸生受。此六受身一一見是我，我是受，是名受即是我。云何見受異我？謂見色是我，受是我所；謂想、行、識是我，受是我所，是名受異我。

「云何見我中受？謂色是我，受在其中；想、行、識是我，受在其中，是謂我中受。云何見受中我？謂色是我，於受中住，周遍其四體；想、行、識是我，於受中住，周遍其四體，是名受中我。

「云何見想即是我？謂六想身：眼觸生想，耳、鼻、舌、身、意觸生想。此六想身，一一見是我，是名想即是我。云何見想異我？謂見色是我，想是我所；受、行、識是我，想是我所，是名想異我。

「云何見我中想？謂色是我，想在中住；受、行、識是我，想在中住。云何見想中我？謂色是我，於想中住，周遍其四體；受、行、識是我，於想中住，周遍其四體，是名想中我。

「云何見行是我？謂六思身：眼觸生思，耳、鼻、舌、身、意觸生思。於此六思身，一一見是我，是名行即是我。云何見行異我？謂色是我，行是我所；受、想、識是我，行是我所，是名行異我。

「云何見我中行？謂色是我，行在中住；受、想、識是我，行在中住，是謂我中行。云何見行中我？謂色是我，於行中住，周遍其四體；謂受、想、識是我，於行中住，周遍其四體，是名行中我。

「云何見識即是我？謂六識身：眼識、耳、鼻、舌、身、意識身。於此六識身，一一見是我，是名識即是我。云何見識異我？見色是我，識是我所；見受、想、行是我，識是我所，是名識異我。

「云何見我中識？謂色是我，識在中住；受、想、行是我，識在中住，是名我中識。云何識中我？謂色是我，於識中住，周遍其四體；受、想、行是我，於識中住，周遍其四體，是名識中我。

「如是聖弟子見四真諦，得無間等果，斷諸邪見，於未來世永不復起。所有諸色，若過去、若未來、若現在、若內、若外、若麤、若細，若好、若醜、若遠、若近，一向積聚，作如是觀：一切無常、一切苦、一切空、一切非我，不應愛樂、攝受、保持；受、想、行、識，亦復如是，不應愛樂、攝受、保持，如是觀。善繫心住，不愚於法，復觀精進，離諸懈怠，心得喜樂，身心猗息，寂靜捨住。具諸道品，修行滿足，永離諸惡，非不消煬，非不寂滅，滅而不起，減而不增，斷而不生，不生、不取、不著，自覺涅槃：我生已盡，梵行已立，所作已作，自知不受後有。」

舍利弗說是法時，六十比丘不受諸漏，心得解脫。佛說此經已，諸比丘聞佛所說，歡喜奉行！

六入處誦第二

雜阿含經卷第八

◉一九一（一八九）

如是我聞：

一時，佛住舍衛國祇樹給孤獨園。

爾時，世尊告諸比丘：「於眼當正思惟，觀察無常。所以者何？於眼正思惟，觀察無常故，於眼欲貪斷；欲貪斷故，我說心正解脫。耳、鼻、舌、身、意，正思惟、觀察故，欲貪斷；欲貪斷者，我說心正解脫。如是，比丘！心正解脫者，能自記說：我生已盡，梵行已立，所作已作，自知不受後有。」

佛說此經已，諸比丘聞佛所說，歡喜奉行！

◉一九八（一九六）

如是我聞：

一時，佛住舍衛國祇樹給孤獨園。

爾時，世尊告諸比丘：「一切無常。云何一切？謂眼無常，若色、眼識、眼觸、眼觸因緣生受——若苦、若樂、不苦不樂，彼亦無常；如是耳、鼻、舌、身、意識，若法、意識、意觸、意觸因緣生受——若苦、若樂、不苦不樂，彼亦無常。多聞聖弟子如是觀者，於眼解脫。若色、眼識、眼觸、眼觸因緣生受——若苦、若樂、不苦不樂，彼亦解脫；如是耳、鼻、舌、身、意、法、意識、意觸、意觸因緣生受——若苦、若樂、不苦不樂，彼亦解脫，我說彼解脫生、老、病、死、憂、悲、惱、苦。」

佛說此經已，諸比丘聞佛所說，歡喜奉行！

◉一九九（一九七）

如是我聞：

一時，佛住迦闍尸利沙支提，與千比丘俱，皆是舊縈髮婆羅門。爾時，世尊為千比丘作三種示現教化，云何為三？神足變化示現、他心示現、教誡示現。

神足示現者，世尊隨其所應，而示現入禪定正受。陵虛至東方，作四威儀，行、住、坐、臥；入火三昧，出種種火光，青、黃、赤、白、紅、頗梨色；水火俱現，或身下出火，身上出水；身上出火，身下出水，周圓四方，亦復如是。爾時，世尊作種種神變已，於衆中坐，是名神足示現。

他心示現者，如彼心、如彼意、如彼識，彼應作如是念，不應作如是念；彼應作如是捨，彼應作如是身證住，是名他心示現。

教誡示現者，如世尊說：「諸比丘！一切燒然。云何一切燒然？謂眼燒然，若色、眼識、眼觸、眼觸因緣生受——若苦、若樂、不苦不樂，彼亦燒然。如是耳、鼻、舌、身、意燒然，若法、意識、意觸、意觸因緣生受——若苦、若樂、不苦不樂，彼亦燒然。以何燒然？貪火燒然、恚火燒然、癡火燒然；生、老、病、死、憂、悲、惱、苦火燒然。」

爾時，千比丘聞佛所說，不起諸漏，心得解脫。佛說此經已，諸比丘聞佛所說，歡喜奉行！

◉二〇二（二〇〇）

如是我聞：

一時，佛住舍衛國祇樹給孤獨園。

爾時，尊者羅睺羅往詣佛所，稽首佛足，退坐一面，白佛言：「善哉！世尊！爲我說法，我聞法已，獨一靜處，專精思惟，不放逸住。獨一處靜，專精思惟，不放逸住已，如是思惟：所以族姓子剃除鬚髮，正信、非家、出家學道，修持梵行，見法自知作證：我生已盡，梵行已立，所作已作，自知不受後有。」

爾時，世尊觀察羅睺羅心解脫慧未熟，未堪任受增上法，問羅睺羅言：「汝以授人五受陰未？」

羅睺羅白佛：「未也，世尊！」

佛告羅睺羅：「汝當爲人演說五受陰。」

爾時，羅睺羅受佛教已，於異時爲人演說五受陰。說已，還詣佛所，稽首佛足，退住一面，白佛言：「世尊！我已爲人說五受陰，唯願世尊爲我說法！我聞法已，獨一靜處，專精思惟，不放逸住，……乃至自知不受後有。」

爾時，世尊復觀察羅睺羅心解脫智未熟，不堪任受增上法，問羅睺羅言：「汝爲人說六入處未？」

羅睺羅白佛：「未也，世尊！」

佛告羅睺羅：「汝當爲人演說六入處。」

爾時，羅睺羅於異時，爲人演說六入處。說六入處已，來詣佛所，稽首禮足，退住一面，白佛言：「世尊！我已爲人演說六入處，唯願世尊爲我說法！我聞法已，當獨一靜處，專精思惟，不放逸住，……乃至自知不受後有。」

爾時，世尊觀察羅睺羅心解脫智未熟，不堪任受增上法，問羅睺羅言：「汝已爲人說尼陀那法未？」

羅睺羅白佛言：「未也，世尊！」

佛告羅睺羅：「汝當爲人演說尼陀那法。」

爾時，羅睺羅於異時，爲人廣說尼陀那法已，來詣佛所，稽首禮足，退住一面，白佛言：「世尊！爲我說法，我聞法已，獨一靜處，專精思惟，不放逸住，……乃至自知不受後有。」

爾時，世尊復觀察羅睺羅心解脫智未熟，……廣說乃至告羅睺羅言：「汝當於上所說諸法，獨於一靜處，專精思惟，觀察其義。」

爾時，羅睺羅受佛教敕，如上所聞法、所說法，思惟稱量，觀察其義，作是念：此諸法一切皆順趣涅槃、流住涅槃、後住涅槃。爾時，羅睺羅往詣佛所，稽首禮足，退住一面，白佛言：「世尊！我已於如上所聞法、所說法，獨一靜處，思惟稱量，觀察其義，如此諸法，皆順趣涅槃、流注涅槃、後住涅槃。」

爾時，世尊觀察羅睺羅心解脫智熟，堪任受增上法，告羅睺羅言：「羅睺羅！一切無常。何等法無常？謂眼無常，若色、眼識、眼觸，如上無常廣說。」

爾時，羅睺羅聞佛所說，歡喜隨喜，禮佛而退。

爾時，羅睺羅受佛教已，獨一靜處，專精思惟，不放逸住；所以族姓子剃除鬚髮，著袈裟衣，正信、非家、出家學道，純修梵行，乃至見法，自知作證：我生已盡，梵行已立，所作已作，自知不受後有，成阿羅漢，心善解脫。

佛說此經已，羅睺羅聞佛所說，歡喜奉行。

◉二一四（二一二）

如是我聞：

一時，佛住舍衛國祇樹給孤獨園。

爾時，世尊告諸比丘：「我不為一切比丘說不放逸行，亦非不為一切比丘說不放逸行。

「不向何等像類比丘說不放逸行？若比丘得阿羅漢，盡諸有漏，離諸重擔，逮得己利，盡諸有結，心正解脫，如是像類比丘，我不為說不放逸行。所以者何？彼諸比丘已作不放逸故，不復堪能作放逸事；我今見彼諸尊者得不放逸果，是故不為彼說不放逸行。

「為何等像類比丘說不放逸行？若諸比丘在學地者，未得心意增上安隱，向涅槃住，如是像類比丘，我為其說不放逸行。所以者何？以彼比丘習學諸根，心樂隨順資生之具，親近善友，不久當得盡諸有漏，無漏心解脫、慧解脫，現法自知作證：我生已盡，梵行已立，所作已作，自知不受後有。所以者何？彼眼識所可愛樂、染著之色，彼比丘見已，不喜、不讚歎、不染、不繫著住。以不喜、不讚歎、不染、不著住故，專精勝進，身心止息，心安極住不忘，常定一心，無量法喜，但逮得第一三昧正受，終不退減隨於眼色；於耳、鼻、舌、身、意識法，亦復如是。」

佛說此經已，諸比丘聞佛所說，歡喜奉行！

◉二一七（二一五）

如是我聞：

一時，佛住舍衛國祇樹給孤獨園。

爾時，尊者富留那比丘，往詣佛所，稽首佛足，退住一面，白佛言：「世尊說現法、說滅熾然、說不待時、說正向、說即此見、說緣自覺。世尊！云何為現法，……乃至緣自覺？」

佛告富留那：「善哉！富留那！能作此問。富留那！諦聽！善思！當爲汝說。富留那比丘！眼見色已，覺知色，覺知色貪——我此內有眼識色貪，我此內有眼識色貪如實知。富留那！若眼見色已，覺知色，覺知色貪——我此內有眼識色貪如實知者，是名現見法。

「云何滅熾然？云何不待時？云何正向？云何即此見？云何緣自覺？富留那比丘！眼見色已，覺知色，不起色貪覺——我有內眼識色貪，不起色貪覺如實知。若富留那比丘！眼見色已，覺知色，不起色貪覺；如實知色，不起色貪覺如實知，是名滅熾然、不待時、正向、即此見、緣自覺。耳、鼻、舌、身、意，亦復如是。」

佛說此經已，富留那比丘聞佛所說，歡喜奉行！

雜阿含經卷第九

◉二三三（二三一）

如是我聞：

一時，佛住舍衛國祇樹給孤獨園。

時，有比丘名三彌離提，往詣佛所，稽首佛足，退坐一面，白佛言：

「世尊！所謂世間者，云何名世間？」

佛告三彌離提：「危脆敗壞，是名世間。云何危脆敗壞？三彌離提！

眼是危脆敗壞法，若色、眼識、眼觸、眼觸因緣生受——內覺若苦、若樂、不苦不樂，彼一切亦是危脆敗壞。耳、鼻、舌、身、意，亦復如是。是說危脆敗壞法，名爲世間。」

佛說此經已，三彌離提比丘聞佛所說，歡喜奉行！

◉二三四（二三二）

如是我聞：

一時，佛住舍衛國祇樹給孤獨園。

時，有比丘名三彌離提，往詣佛所，稽首佛足，退坐一面，白佛言：「世尊！所謂世間空，云何名爲世間空？」

佛告三彌離提：「眼空，常、恆、不變易法空，我所空。所以者何？此性自爾。若色、眼識、眼觸、眼觸因緣生受——若苦、若樂、不苦不樂，彼亦空，常、恆、不變易法空，我所空。所以者何？此性自爾。耳、鼻、舌、身、意，亦復如是，是名空世間。」

佛說此經已，三彌離提比丘聞佛所說，歡喜奉行！

◉二三五（二三三）

如是我聞：

一時，佛住舍衛國祇樹給孤獨園。

爾時，世尊告諸比丘：「我今當說世間、世間集、世間滅、世間滅道跡。諦聽！善思！

「云何爲世間？謂六內入處。云何六？眼內入處，耳、鼻、舌、身、意內入處。

「云何世間集？謂當來有愛、喜、貪俱，彼彼集著。

「云何世間滅？謂當來有愛、喜、貪俱，彼彼集著無餘斷，已捨、已吐、已盡、離欲、滅、止、沒。

「云何世間滅道跡？謂八聖道——正見、正志、正語、正業、正命、正方便、正念、正定。」

佛說此經已，諸比丘聞佛所說，歡喜奉行！

◉二三八（二三六）

如是我聞：

一時，佛住舍衛國祇樹給孤獨園。

爾時，尊者舍利弗，晨朝著衣持鉢，入舍衛城乞食。乞食已，還精舍，舉衣鉢，洗足已，持尼師檀，入林中，晝日坐禪。時，舍利弗從禪覺，詣世尊所，稽首禮足，退坐一面。

爾時，佛告舍利弗：「汝從何來？」

舍利弗答言：「世尊！從林中晝日坐禪來。」

佛告舍利弗：「今入何等禪住？」

舍利弗白佛言：「世尊！我今於林中入空三昧禪住。」

佛告舍利弗：「善哉！善哉！舍利弗！汝今入上座禪住而坐禪；若諸比丘欲入上座禪者，當如是學。

「若入城時，若行乞食時，若出城時，當作是思惟：我今眼見色，頗起欲、恩愛、愛念著不？

「舍利弗！比丘作如是觀時，若眼識於色有愛念染著者，彼比丘爲斷惡不善故，當勤欲方便，堪能繫念修學。譬如有人，火燒頭衣，爲盡滅故，當起增上方便，勤教令滅；彼比丘亦復如是，當起增上勤欲方便，繫念修學。

「若比丘觀察時，若於道路，若聚落中行乞食，若出聚落，於其中間，眼識於色，無有愛念染著者，彼比丘願以此喜樂善根，日夜精勤，繫念修習，是名比丘於行、住、坐、臥、淨除乞食。是故此經名清淨乞食住。」

佛說此經已，尊者舍利弗聞佛所說，歡喜奉行！

◉二五一（二四九）

如是我聞：

一時，佛住舍衞國祇樹給孤獨園。

爾時，尊者阿難詣尊者舍利弗所，語尊者舍利弗：「欲有所問，寧有閑暇爲解說不？」

舍利弗言：「隨仁所問，知者當答。」

尊者阿難問尊者舍利弗：「六觸入處盡，離欲、滅、息、没已，更有餘不？」

尊者舍利弗語阿難言：「莫作此問：『六觸入處盡，離欲、滅、息没已，更有餘不？』」

阿難又問尊者舍利弗：「六觸入處盡，離欲、滅、息没已，無有餘耶？」

尊者舍利弗答阿難言：「亦復不應作如是問：『六觸入處盡，離欲、滅、息没已，無有餘耶？』」

阿難復問尊者舍利弗：「六觸入處盡，離欲、滅、息没已，有餘無餘、非有餘非無餘耶？」

尊者舍利弗答阿難言：「此亦不應作如此問：『六觸入處盡，離欲、滅、息沒已，有餘無餘、非有餘非無餘耶？』」

尊者阿難又問舍利弗：「如尊者所說，六觸入處盡，離欲、滅、息沒已，有亦不應說，無亦不應說，有無亦不應說，非有非無亦不應說，此語有何義？」

尊者舍利弗語尊者阿難：「六觸入處盡，離欲、滅、息沒已，有餘耶？此則虛言。無餘耶？此則虛言；有餘無餘耶？此則虛言；非有餘非無餘耶？此則虛言；若言六觸入處盡，離欲、滅、息沒已，離諸虛僞，得般涅槃，此則佛說。」

時二正士展轉隨喜，各還本處。

◉二五二（二五〇）

如是我聞：

一時，佛住王舍城迦蘭陀竹園。

時尊者舍利弗、尊者摩訶拘絺羅俱在耆闍崛山。

尊者摩訶拘絺羅晡時從禪覺，詣尊者舍利弗所，共相問訊已，退坐一面，語舍利弗言：「欲有所問，寧有閑暇見答與不？」

尊者舍利弗語摩訶拘絺羅：「隨仁所問，知者當答。」

尊者摩訶拘絺羅問尊者舍利弗言：「云何，尊者舍利弗！眼繫色耶？色繫眼耶？耳聲、鼻香、舌味、身觸、意法，意繫法耶？法繫意耶？」

尊者舍利弗答尊者摩訶拘絺羅言：「非眼繫色，非色繫眼。……乃至非意繫法，非法繫意。尊者摩訶拘絺羅！於其中間，若彼欲貪，是其繫也。尊者摩訶拘絺羅！譬如二牛，一黑一白，共一軛鞅縛繫，人問言：『爲黑牛繫白牛？爲白牛繫黑牛？』爲等問不？」

答言：「不也，尊者舍利弗！非黑牛繫白牛，亦非白牛繫黑牛，然於中間，若軛、若繫鞅者，是彼繫縛。」

「如是，尊者摩訶拘絺羅！非眼繫色，非色繫眼。……乃至非意繫法，非法繫意；中間欲貪，是其繫也。

「尊者摩訶拘絺羅！若眼繫色，若色繫眼，……乃至若意繫法，若法繫意，世尊不教人建立梵行，得盡苦邊。以非眼繫色，非色繫眼，……乃至非意繫法，非法繫意，故世尊教人建立梵行，得盡苦邊。

「尊者摩訶拘絺羅！世尊眼見色若好、若惡，不起欲貪；其餘衆生眼若見色若好、若惡，則起欲貪。是故世尊說當斷欲貪，則心解脫。……乃至意、法亦復如是。」

時二正士展轉隨喜，各還本處。

◉二五四（二五二）

如是我聞：

一時，佛住王舍城迦蘭陀竹園。

時，有比丘名優波先那，住王舍城寒林中塚間，蛇頭巖下迦陵伽行處。

時，尊者優波先那，獨一於内坐禪。

時，有惡毒蛇長尺許，於上石間墮優波先那身上。優波先那喚舍利弗，語諸比丘：「毒蛇墮我身上，我身中毒。汝等駛來，扶持我身，出置於外，莫令於內身壞碎，如糠糟聚。」

時，尊者舍利弗於近處，住一樹下，聞優波先那語，即詣優波先那所，語優波先那言：「我今觀汝色貌，諸根不異於常，而言『中毒，持我身出，莫令散壞，如糠糟聚』，竟為云何？」

優波先那語舍利弗言：「若當有言：『我眼是我、我所；耳、鼻、舌、身、意，耳、鼻、舌、身、意是我、我所；色、聲、香、味、觸、法，色、聲、香、味、觸、法是我、我所；地界，地界是我、我所，水、火、風、空、識界，水、火、風、空、識界是我、我所；色陰，色陰是我、我所，受、想、行、識陰，受、想、行、識陰是我、我所。』者，面色諸根應有變異。我今不爾，眼非我、我所；……乃至識陰非我、我所，是故面色諸根無有變異。」

舍利弗言：「如是，優波先那！汝若長夜離我、我所、我慢繫著使，斷其根本，如截多羅樹頭，於未來世永不復起，云何面色諸根當有變異？」

時，舍利弗即周匝扶持優波先那身出於窟外。優波先那身中毒碎壞，如聚糠糟。

時舍利弗即說偈言：

久殖諸梵行，善修八聖道，歡喜而捨壽，猶如棄毒鉢。
久殖諸梵行，善修八聖道，歡喜而捨壽，如人重病愈。
久殖諸梵行，善修八聖道，如出火燒宅，臨死無憂悔。
久殖諸梵行，善修八聖道，以慧觀世間，猶如穢草木。
不復更求餘，餘亦不相續。

時，尊者舍利弗，供養優波先那尸已，往詣佛所，稽首禮足，退坐一面，白佛言：「世尊！尊者優波先那有小惡毒蛇，如治眼籌，墮其身上，其身即壞，如聚糠糟。」

佛告舍利弗：「若優波先那誦此偈者，則不中毒，身亦不壞，如聚糠糟。」

舍利弗白佛言：「世尊！誦何等偈？何等辭句？」

佛即爲舍利弗而說偈言：

常慈念於彼，堅固賴吒羅，慈伊羅槃那，　婆弗多羅。
欽婆羅上馬，亦慈迦拘吒，及彼黑瞿曇，難陀跋難陀。
慈悲於無足，及以二足者，四足與多足，亦悉起慈悲。
慈悲於諸龍，依於水陸者；慈一切衆生，有畏及無畏。
安樂於一切，亦離煩惱生；欲令一切賢，一切莫生惡。
常住蛇頭巖，衆惡不來集；凶害惡毒蛇，能害衆生命。
如此真諦言，無上大師說，我今誦習此，大師真實語，
一切諸惡毒，無能害我身。貪欲瞋恚癡，世間之三毒，
如此三毒惡，永除名佛寶。法寶滅衆毒，僧寶亦無餘，

破壞凶惡毒，攝受護善人，佛破一切毒，汝蛇毒今破。

「故說是呪術章句，所謂：

塢躭婆隸　躭婆隸　躭陸　波羅躭陸　㮈渧　肅㮈渧　枳跋渧　文那移　三摩移　檀諦　尼羅枳施　婆羅拘閇塢隸　塢娛隸　悉波呵

「舍利弗！優波先那善男子爾時說此偈，說此章句者，蛇毒不能中其身，身亦不壞，如糠糟聚。」

舍利弗白佛言：「世尊！優波先那未曾聞此偈，未曾聞此呪術章句，世尊今日說此，正為當來世耳。」

尊者舍利弗聞佛所說，歡喜作禮而去！

◉二五六（二五四）

如是我聞：

一時，佛住王舍城迦蘭陀竹園。

爾時，尊者二十億耳住耆闍崛山，常精勤修習菩提分法。

時，尊者二十億耳獨靜禪思，而作是念：於世尊弟子精勤聲聞中，我在其數，然我今日未盡諸漏。我是名族姓子，多饒財寶，我今寧可還受五欲，廣行施作福。

爾時，世尊知二十億耳心之所念，告一比丘：「汝等今往二十億耳所，告言：『世尊呼汝！』」

是一比丘受佛教已，往詣二十億耳所，語言：「世尊呼汝！」

二十億耳聞彼比丘稱大師命，即詣世尊所，稽首禮足，退住一面。

爾時，世尊告二十億耳：「汝實獨靜禪思作是念：世尊精勤修學聲聞中，我在其數，而今未得漏盡解脫。我是名族姓子，又多錢財，我寧可還俗受五欲樂，廣施作福耶？」

時，二十億耳作是念：「世尊已知我心。」驚怖毛豎，白佛言：「實爾，世尊！」

佛告二十億耳：「我今問汝，隨意答我。二十億耳！汝在俗時，善彈琴不？」

答言：「如是，世尊！」

復問：「於意云何？汝彈琴時，若急其絃，得作微妙和雅音不？」

答言：「不也，世尊！」

復問：「云何？若緩其絃，寧發微妙和雅音不？」

答言：「不也，世尊！」

復問：「云何善調琴絃，不緩、不急，然後發妙和雅音不？」

答言：「如是，世尊！」

佛告二十億耳：「精進太急，增其掉悔；精進太緩，令人懈怠。是故汝當平等修習攝受，莫著、莫放逸、莫取相。」

時，尊者二十億耳，聞佛所說，歡喜隨喜，作禮而去。

時，尊者二十億耳，常念世尊說彈琴譬，獨靜禪思，如上所說，乃至漏盡心得解脫，成阿羅漢。

爾時，尊者二十億耳得阿羅漢，內覺解脫喜樂，作是念：「我今應往問訊世尊。」

爾時，尊者二十億耳往詣佛所，稽首禮足，退坐一面，白佛言：「世尊！於世尊法中得阿羅漢，盡諸有漏，所作已作，捨離重擔，逮得己利，盡諸有結，正智心解脫，當於爾時解脫六處。云何為六？離欲解脫、離恚解脫、遠離解脫、愛盡解脫、諸取解脫、心不忘念解脫。

「世尊！若有依少信心而言『離欲解脫』，此非所應；貪、恚、癡盡，是名真實離欲解脫。

「若復有人，依少持戒而言『我得離恚解脫』，此亦不應；貪、恚、癡盡，是名真實解脫。

「若復有人，依於修習利養遠離而言『遠離解脫』，是亦不應；貪、恚、癡盡，是真實遠離解脫。

「貪、恚、癡盡，亦名離愛，亦名離取，亦名離忘念解脫。如是，世尊！若諸比丘未得羅漢，未盡諸漏，於此六處不得解脫。

「若復比丘在於學地，未得增上樂涅槃，習向心住，爾時成就學戒，成就學根，後時當得漏盡、無漏心解脫，乃至自知不受後有。當於爾時得無學戒，得無學諸根；譬如嬰童愚小仰臥，爾時成就童子諸根，彼於後時漸漸增長，諸根成就，當於爾時成就長者諸根。在學地者亦復如是，未得增上安樂，乃至成就無學戒、無學諸根。

「若眼常識色，終不能妨心解脫、慧解脫；意堅住故，內修無量善解脫，觀察生滅，乃至無常。耳識聲、鼻識香、舌識味、身識觸、意識法，不能妨心解脫、慧解脫；意堅住故，內修無量善解脫，觀察生滅。譬如村邑近大石山，不斷、不壞、不穿，一向厚密，假使四方風吹，不能動搖，不能穿過。彼無學者亦復如是，眼常識色，乃至意常識法，不能妨心解脫、慧解脫；意堅住故，內修無量善解脫，觀察生滅。」

爾時，二十億耳重說偈言：

離欲心解脫，無恚脫亦然；遠離心解脫，貪愛永無餘。
諸取心解脫，及意不忘念；曉了入處生，於彼心解脫。
彼心解脫者，比丘意止息；諸所作已作，更不作所作。
猶如大石山，四風不能動，色聲香味觸，及法之好惡，
六入處常對，不能動其心，心常住堅固，諦觀法生滅。

尊者二十億耳說是法時，大師心悅。諸多聞梵行者聞尊者二十億耳所說，皆大歡喜。爾時，尊者二十億耳聞佛說法，歡喜隨喜，作禮而去。

爾時，世尊知二十億耳去不久，告諸比丘：「善心解脫者，應如是記說，如二十億耳以智記說，亦不自舉，亦不下他，正說其義；非如增上慢者，不得其義，而自稱歎得過人法，自取損減。」

雜阿含經卷第十

◉二五九（二六五）

如是我聞：

一時，尊者賓頭盧住拘睒彌國瞿師羅園。

時，有婆蹉國王，名優陀延那，詣尊者賓頭盧所，共相問訊，問訊已，退坐一面。婆蹉王優陀延那白尊者賓頭盧言：「欲有所問，寧有閑暇見答與不？」

尊者賓頭盧答言：「大王！大王且問，知者當答。」

婆蹉王優陀延那問尊者賓頭盧：「何因何緣，新學年少比丘於此法、律，出家未久，極安樂住，諸根欣悅，顏貌清淨，膚色鮮白，樂靜少動，任他而活，野獸其心，堪能盡壽，修持梵行，純一清淨？」

尊者賓頭盧答言：「如佛所說，如來、應、等正覺所知所見，爲比丘說：『汝諸比丘！若見宿人，當作母想；見中年者，作姊妹想；見幼稚者，當作女想。』以是因緣，年少比丘於此法、律，出家未久，安隱樂住，諸根敷悅，顏貌清淨，膚色鮮白，樂靜少動，任他而活，野獸其心，堪能盡壽，修持梵行，純一清淨。」

婆蹉王優陀延那語尊者賓頭盧言：「今諸世間貪求之心，若見宿人而作母想，見中年者作姊妹想，見幼稚者而作女想。當於爾時，心亦隨起，貪欲燒燃、瞋恚燒燃、愚癡燒燃，要當更有勝因緣不？」

尊者賓頭盧語婆蹉王優陀延那：「更有因緣，如世尊說，如來、應、等正覺所知所見，爲比丘說：『此身從足至頂，骨幹肉塗，覆以薄皮，種種不淨充滿其中；周遍觀察，髮、毛、爪、齒、塵垢、流唌、皮、肉、白骨、筋、脉、心、肝、肺、脾、腎、腸、肚、生藏、熟藏、胞、淚、汗、涕、沫、肪、脂、髓、痰、癊、膿、血、腦、汁、屎、溺。』大王！此因此緣故，年少比丘於此法、律，出家未久，安隱樂住，……乃至純一滿淨。」

婆蹉王優陀延那語尊者賓頭盧：「人心飄疾，若觀不淨，隨淨想現。頗更有因緣，令年少比丘於此法、律，出家未久，安隱樂住，……乃至純一滿淨不？」

尊者賓頭盧言：「大王，有因有緣，如世尊說，如來、應、等正覺所知所見，告諸比丘：『汝等應當守護根門，善攝其心。若眼見色時，莫取色相，莫取隨形好，增上執持。若於眼根不攝斂住，則世間貪、愛、惡不善法則漏其心，是故汝等當受持眼律儀。耳聲、鼻香、舌味、身觸、意法亦復如是，乃至受持意律儀。』」

爾時，婆蹉王優陀延那語尊者賓頭盧：「善哉！善說法，乃至受持諸根律儀。尊者賓頭盧！我亦如是，有時不守護身，不持諸根律儀，不一其念，入於宮中，其心極生貪欲熾燃、愚癡燒燃；正使閑房獨處，亦復三毒燒燃其心，況復宮中！又我有時善護其身，善攝諸根，專一其念，入於宮中，貪欲、恚、癡不起燒燃其心；於內宮中尚不燒身，亦不燒心，況復閑獨！以是之故，此因此緣，能令年少比丘於此法、律，出家未久，安隱樂住，乃至純一滿淨。」

時，婆蹉王優陀延那聞尊者賓頭盧所說，歡喜隨喜，從座起去。

◉二六六（一一七二）

如是我聞：

一時，佛住拘睒彌國瞿師羅園。

爾時，世尊告諸比丘：「譬如有四蚖蛇，凶惡毒虐，盛一篋中。時，有士夫，聰明不愚，有智慧，求樂厭苦，求生厭死。時，有一士夫語向士夫言：『汝今取此篋盛毒蛇，摩拭洗浴，恩親養食，出內以時。若四毒蛇脫有惱者，或能殺汝，或令近死，汝當防護！』爾時，士夫恐怖馳走。『忽有五怨，拔刀隨逐，要求欲殺。汝當防護！』爾時，士夫畏四毒蛇及五拔刀怨，驅馳而走。

「人復語言：『士夫！內有六賊，隨逐伺汝，得便當殺，汝當防護！』爾時，士夫畏四毒蛇、五拔刀怨及內六賊，恐怖馳走，還入空村，見彼空舍，危朽腐毀，有諸惡物，捉皆危脆，無有堅固。

「人復語言：『士夫！是空聚落，當有羣賊，來必奄害汝。』爾時，士夫畏四毒蛇、五拔刀賊、內六惡賊、空村羣賊，而復馳走。忽爾道路臨一大河，其水浚急，但見此岸有諸怖畏，而見彼岸安隱快樂，清涼無畏，無橋船可渡得至彼岸，作是思惟：我取諸草木，縛束成栰，手足方便，渡至彼岸。作是念已，即拾草木，依於岸傍、約束成栰，手足方便，截流橫渡。

「如是士夫，免四毒蛇、五拔刀怨、六內惡賊，復得脫於空村羣賊，度於浚流，離於此岸種種怖畏，得至彼岸安隱快樂。

「我說此譬，當解其義。比丘！篋者，譬此身色麁四大，四大所造，精血之體，穢食長養，沐浴衣服，無常變壞危脆之法。毒蛇者，譬四大——地界、水界、火界、風界，地界若諍，能令身死，及以近死；水、火、風諍，亦復如是。五拔刀怨者，譬五受陰。六內賊者，譬六愛喜。空村者，譬六內入。善男子！觀察眼入處，是無常變壞；執持眼者，亦是無常虛僞之法。耳、鼻、舌、身、意入處，亦復如是。空村羣賊者，譬外六入處。眼爲可意、不可意色所害；耳聲，鼻香，舌味，身觸，意，爲可意、不可意法所害。浚流者，譬四流——欲流、有流、見流、無明流。河者，譬三愛——欲愛、色愛、無色愛。此岸多恐怖者，譬有身。彼岸清涼安樂者，譬無餘涅槃。栰者，譬八正道。手足方便截流渡者，譬精進勇猛到彼岸。婆羅門住處者，譬如來、應、等正覺。

「如是，比丘！大師慈悲，安慰弟子，爲其所作；我今已作，汝今亦當作其所作，於空閑樹下，房舍清淨，敷草爲座，露地、塚間，遠離邊坐，精勤禪思，慎莫放逸，令後悔恨！此則是我教授之法。」

佛說此經已，諸比丘聞佛所說，歡喜奉行！

◉二六八（一一七四）

如是我聞：

一時，佛住阿毗闍恒水邊。

時，有比丘來詣佛所，稽首佛足，退住一面，白佛言：「善哉！世尊！爲我說法，我聞法已，獨一靜處，專精思惟，不放逸住：所以族姓子剃除鬚髮，正信、非家、出家學道，於上增修梵行，見法自知作證：我生已盡，梵行已立，所作已作，自知不受後有。」

爾時，世尊觀察恒水，見恒水中有一大樹，隨流而下，語彼比丘：「汝見此恒水中大樹流不？」

答言：「已見，世尊！」

佛告比丘：「此大樹不著此岸，不著彼岸，不沈水底，不閡洲渚，不入洄澓，人亦不取，非人不取，又不腐敗，當隨水流，順趣、流注、浚輸至大海不？」

比丘白佛：「如是，世尊！」

佛言：「比丘亦復如是，亦不著此岸，不著彼岸，不沈水底，不閡洲渚，不入洄澓，人亦不取，非人不取，又不腐敗，當隨水流，臨趣、流注、浚輸涅槃。」

比丘白佛：「云何此岸？云何彼岸？云何沈沒？云何洲渚？云何洄澓？云何人取？云何非人取？云何腐敗？善哉！世尊！爲我廣説，我聞法已，當獨一靜處，專精思惟，不放逸住，乃至自知不受後有。」

佛告比丘：「此岸者，謂內六入處。彼岸者，謂六外入處。人取者，猶如有一習近俗人及出家者，若喜、若憂、若苦、若樂，彼彼所作，悉與共同始終相隨，是名人取。非人取者，猶如有人願修梵行，我今持戒、苦行，修諸梵行，當生在處，在處天上，是非人取。洄澓者，猶如有一還戒退轉。腐敗者，犯戒行惡不善法，腐敗寡聞，猶莠稗、吹貝之聲，非沙門爲沙門像，非梵行爲梵行像。如是，比丘！是名不著此彼岸，……乃至浚輸涅槃。」

時，彼比丘聞佛所說，歡喜隨喜，作禮而去。

時，彼比丘獨一靜處，思惟佛所說水流大樹經教，……乃至自知不受後有，得阿羅漢。

時，有牧牛人，名難屠，去佛不遠，執杖牧牛。比丘去已，詣世尊所，稽首禮足，於一面住，白佛言：「世尊！我今堪能不著此岸，不著彼岸，不沈沒，不閡洲渚，非人所取，不非人取，不入洄澓，亦不腐敗，我得於世尊正法、律中出家修梵行不？」

佛告牧牛者：「汝送牛還主不？」

牧牛者言：「諸牛中悉有犢牛，自能還歸，不須送也，但當聽我出家學道。」

佛告牧牛者：「牛雖能還家，汝今已受人衣食，要當還報其家主。」

時，牧牛者聞佛教已，歡喜隨喜，作禮而去。

時，尊者舍利弗在此會中，牧牛者去不久，白佛言：「世尊！難屠牧牛者求欲出家，世尊何故遣還歸家？」

佛告舍利弗：「難屠牧牛者若還住家受五欲者，無有是處！牛付主人已，輒自當還，於此法、律出家學道，淨修梵行，乃至自知不受後有，得阿羅漢。」

時，難屠牧牛者以牛付主人已，還至佛所，稽首禮足，退住一面，白佛言：「世尊！牛已付主，聽我於正法、律出家學道。」

佛告難屠牧牛者：「汝得於此法、律出家、受具足，得比丘分。」

出家已，思惟：所以族姓子剃除鬚髮，著袈裟衣，正信、非家、出家學道，增修梵行，……乃至自知不受後有，成阿羅漢。

雜阿含經卷第十一

◉二七二（二七三）

如是我聞：

一時，佛住舍衛國祇樹給孤獨園。

時，有異比丘獨靜思惟：云何爲我？我何所爲？何等是我？我何所住？從禪覺已，往詣佛所，稽首禮足，退住一面，白佛言：「世尊！我獨一靜處，作是思惟：云何爲我？我何所爲？何法是我？我於何住？」

佛告比丘：「今當為汝說於二法。諦聽！善思！云何為二？眼色為二，耳聲、鼻香、舌味、身觸、意法為二，是名二法。比丘！若有說言：『沙門瞿曇所說二法，此非為二，我今捨此，更立二法。』彼但有言，數問已不知，增其疑惑，以非境界故。所以者何？緣眼、色，生眼識。

「比丘！彼眼者，是肉形、是內、是因緣、是堅、是受，是名眼肉形內地界。比丘！若眼肉形，若內、若因緣、津澤、是受，是名眼肉形內水界。比丘！若眼肉形，若內、若因緣、明暖、是受，是名眼肉形內火界。比丘！若彼眼肉形，若內、若因緣、輕飄動搖、是受，是名眼肉形內風界。

「比丘！譬如兩手和合，相對作聲，如是緣眼、色，生眼識，三事和合觸，觸俱生受、想、思，此等諸法，非我、非常；是無常之我，非恆，非安隱、變易之我。所以者何？比丘！謂生、老、死、沒、受生之法。

「比丘！諸行如幻、如炎，剎那時頃盡朽，不實來實去。是故，比丘！於空諸行當知、當喜、當念：空諸行常、恆、住、不變易法，空無我、我所。譬如明目士夫，手執明燈，入於空室，彼空室觀察。「如是，比丘！於一切空行、空心觀察歡喜，於空法行常、恆、住、不變易法，空我、我所。如眼、耳、鼻、舌、身、意法因緣生意識，三事和合觸，觸俱生受、想、思，此諸法無我、無常，乃至空我、我所。比丘！於意云何？眼是常，爲非常耶？」

答言：「非常，世尊！」

復問：「若無常者，是苦耶？」

答言：「是苦，世尊！」

復問：「若無常、苦，是變易法，多聞聖弟子寧於中見我，異我、相在不？」

答言：「不也，世尊！」

「耳、鼻、舌、身、意，亦復如是。如是多聞聖弟子，於眼生厭，厭故不樂，不樂故解脫，解脫知見：我生已盡，梵行已立，所作已作，自知不受後有。耳、鼻、舌、身、意，亦復如是。」

時，彼比丘聞世尊說合手聲譬經教已，獨一靜處，專精思惟，不放逸住，乃至自知不受後有，成阿羅漢。

◉二七六（二七七）

如是我聞：

一時，佛住舍衛國祇樹給孤獨園。

爾時，世尊告諸比丘：「有不律儀、律儀。諦聽！善思！當為汝說。

「云何不律儀？眼根不律儀所攝護。眼識著色，緣著故，以生苦受；苦受故，不一其心；不一心故，不得如實知見；不得如實知見故，不離疑惑；不離疑惑故，由他所誤，而常苦住。耳、鼻、舌、身、意，亦復如是，是名不律儀。

「云何律儀？眼根律儀所攝護。眼識識色，心不染著；心不染著已，常樂受住；心樂住已，常一其心；一其心已，如實知見；如實知見已，離諸疑惑；離諸疑惑已，不由他誤，常安樂住。耳、鼻、舌、身、意，亦復如是，是名律儀。」

佛說此經已，諸比丘聞佛所說，歡喜奉行！

雜阿含經卷第十二

◉二八二（三〇四）

如是我聞：

一時，佛住拘留搜調牛聚落。

爾時，世尊告諸比丘：「我今當為汝等說法，初、中、後善，善義、善味，純一滿淨，梵行清白。諦聽！善思！有六六法。何等為六六法？謂六內入處、六外入處、六識身、六觸身、六受身、六愛身。

「何等爲六內入處？謂眼入處、耳入處、鼻入處、舌入處、身入處、意入處。何等爲六外入處？色入處、聲入處、香入處、味入處、觸入處、法入處。云何六識身？謂眼識身、耳識身、鼻識身、舌識身、身識身、意識身。云何六觸身？謂眼觸、耳觸、鼻觸、舌觸、身觸、意觸。云何六受身？謂眼觸生受、耳觸生受、鼻觸生受、舌觸生受、身觸生受、意觸生受。云何六愛身？謂眼觸生愛、耳觸生愛、鼻觸生愛、舌觸生愛、身觸生愛、意觸生愛。

「若有說言『眼是我』，是則不然。所以者何？眼生滅故；若眼是我者，我應受生死，是故說眼是我者，是則不然。如是若色、若眼識、眼觸、眼觸生受若是我者，是則不然。所以者何？眼觸生受是生滅法；若眼觸生受是我者，我復應受生死，是故說眼觸生受是我者，是則不然，是故眼觸生受非我。如是耳、鼻、舌、身、意觸生受是生滅法；若是我者，我復應受生死，是故意觸生受是我者，是則不然，是故，意觸生受非我。

「如是，比丘！當如實知眼所作、智所作、寂滅所作，開發神通，正向涅槃。云何如實知見眼所作，……乃至正向涅槃？如是，比丘！眼非我，若色、眼識、眼觸、眼觸因緣生受——內覺若苦、若樂、不苦不樂，彼亦觀察非我；耳、鼻、舌、身、意，亦如是說，是名如實知見眼所作，……乃至正向涅槃，是名六六法經。」

佛說此經已，諸比丘聞佛所說，歡喜奉行！

◉二八九（三一一）

如是我聞：

一時，佛住舍衛國祇樹給孤獨園。

爾時，尊者富樓那來詣佛所，稽首禮足，退住一面，白佛言：「善哉！世尊！為我說法，我坐獨一靜處，專精思惟，不放逸住，……乃至自知不受後有。」

佛告富樓那：「善哉！善哉！能問如來如是之義。諦聽！善思！當為汝說。若有比丘，眼見可愛、可樂、可念、可意——長養欲之色；見已欣悅、讚歎、繫著，欣悅、讚歎、繫著已歡喜，歡喜已樂著，樂著已貪愛，貪愛已阸礙。歡喜、樂著、貪愛、阸礙故，去涅槃遠。耳、鼻、舌、身、意，亦如是說。

「富樓那，若比丘眼見可愛、樂、可念、可意——長養欲之色；見已不欣悅、不讚歎、不繫著，不欣悅、不讚歎、不繫著故不歡喜，不歡喜故不深樂，不深樂故不貪愛，不貪愛故不阸礙。不歡喜、不深樂、不貪愛、不阸礙故，漸近涅槃。耳、鼻、舌、身、意，亦如是說。」

佛告富樓那：「我已略說法教，汝欲何所住？」

富樓那白佛言：「世尊！我已蒙世尊略說教誡，我欲於西方輸盧那人間遊行。」

佛告富樓那：「西方輸盧那人，兇惡，輕躁、弊暴、好罵。富樓那！汝若聞彼兇惡、輕躁、弊暴、好罵、毀辱者，當如之何？」

富樓那白佛言：「世尊！若彼西方輸盧那國人，面前兇惡、訶罵、毀辱者，我作是念：彼西方輸盧那人，賢善、智慧，雖於我前兇惡、弊暴、好罵、毀辱我，猶尚不以手、石而見打擲。」

佛告富樓那：「彼西方輸盧那人，但兇惡、輕躁、弊暴、罵辱，於汝則可脫，復當以手、石打擲者，當如之何？」

富樓那白佛言：「世尊！西方輸盧那人，脫以手、石加於我者，我當念言：輸盧那人賢善、智慧，雖以手、石加我，而不用刀杖。」

佛告富樓那：「若當彼人脫以刀杖而加汝者，復當云何？」

富樓那白佛言：「世尊！若當彼人脫以刀杖而加我者，當作是念：彼輸盧那人賢善、智慧，雖以刀杖而加於我，而不見殺。」

佛告富樓那：「假使彼人脫殺汝者，當如之何？」

富樓那白佛言：「世尊！若西方輸盧那人脫殺我者，當作是念：有諸世尊弟子，當厭患身，或以刀自殺，或服毒藥，或以繩自繫，或投深坑；彼西方輸盧那人，賢善、智慧，於我朽敗之身，以少作方便，便得解脫。」

佛言：「善哉！富樓那！汝善學忍辱，汝今堪能於輸盧那人間住止。汝今宜去，度於未度，安於未安，未涅槃者令得涅槃。」

爾時，富樓那聞佛所說，歡喜隨喜，作禮而去。

爾時，尊者富樓那，夜過晨朝，著衣持鉢，入舍衛城乞食，食已還出，付囑臥具，持衣鉢去，至西方輸盧那人間遊行。到已，夏安居，爲五百優婆塞說法，建立五百僧伽藍，繩床、臥褥、供養衆具悉皆備足。三月過已，具足三明，即於彼處入無餘涅槃。

◉三一二（三三四）

如是我聞：

一時，佛住拘留搜調牛聚落。

爾時，世尊告諸比丘：「今當爲汝說法，初、中、後善，善義善味，純一滿淨，梵行清白。諦聽！善思！謂有因、有緣、有縛法經。

「云何有因、有緣、有縛法經？謂眼有因、有緣、有縛。何等爲眼因、眼緣、眼縛？謂眼業因、業緣、業縛；業有因、有緣、有縛。何等為業因、業緣、業縛？謂業愛因、愛緣、愛縛；愛有因、有緣、有縛。何等為愛因、愛緣、愛縛？謂愛無明因、無明緣、無明縛；無明有因、有緣、有縛。何等無明因、無明緣、無明縛？謂無明不正思惟因、不正思惟緣、不正思惟縛；不正思惟有因、有緣、有縛。何等不正思惟因、不正思惟緣、不正思惟縛？謂緣眼、色，生不正思惟，生於癡。

「緣眼、色，生不正思惟，生於癡，彼癡者是無明，癡求欲名為愛，愛所作名為業。如是，比丘！不正思惟因無明為愛，無明因愛，愛因為業，業因為眼。耳、鼻、舌、身、意，亦如是說，是名有因、有緣、有縛法經。」

佛說此經已，諸比丘聞佛所說，歡喜奉行！

◉三一三（三三五）

如是我聞：

一時，佛住拘留搜調牛聚落。

爾時，世尊告諸比丘：「我今當爲汝等說法，初、中、後善，善義善味，純一滿淨，梵行清白，所謂第一義空經。諦聽！善思！當爲汝說。

「云何爲第一義空經？諸比丘！眼生時無有來處，滅時無有去處，如是眼不實而生，生已盡滅，有業報而無作者，此陰滅已，異陰相續，除俗數法；耳、鼻、舌、身、意，亦如是說，除俗數法。俗數法者，謂此有故彼有，此起故彼起，如無明緣行，行緣識，廣說乃至純大苦聚集起。又復，此無故彼無，此滅故彼滅，無明滅故行滅，行滅故識滅，如是廣說，乃至純大苦聚滅。比丘！是名第一義空法經。」

佛說此經已，諸比丘聞佛所說，歡喜奉行！

雜因誦第三

雜阿含經卷第十三

◉三二一（二八三）

如是我聞：

一時，佛住舍衛國祇樹給孤獨園。

爾時，世尊告諸比丘：「若於結所繫法隨生味著、顧念、心縛，則愛生；愛緣取，取緣有，有緣生，生緣老、病、死、憂、悲、惱苦，如是如是純大苦聚集。如人種樹，初小軟弱，愛護令安，壅以糞土，隨時溉灌，冷暖調適，以是因緣，然後彼樹得增長大。如是，比丘！結所繫法味著將養，則生恩愛；愛緣取，取緣有，有緣生，生緣老、病、死、憂、悲、惱苦，如是如是純大苦聚集。

「若於結所繫法隨順無常觀，住生滅觀、無欲觀、滅觀、捨觀，不生顧念，心不縛著，則愛滅；愛滅則取滅，取滅則有滅，有滅則生滅，生滅則老、病、死、憂、悲、惱苦滅，如是如是純大苦聚滅。猶如種樹，初小軟弱，不愛護，不令安隱，不壅糞土，不隨時溉灌，冷暖不適，不得增長。若復斷根、截枝，段段斬截，分分解析，風飄、日炙，以火焚燒，燒以成糞，或颺以疾風，或投之流水。比丘！於意云何？非為彼樹斷截其根，乃至焚燒，令其磨滅，於未來世成不生法耶？」

答言：「如是，世尊！」

「如是，比丘！於結所繫法隨順無常觀，住生滅觀、無欲觀、滅觀、捨觀，不生顧念，心不縛著，則愛滅；愛滅則取滅，取滅則有滅，有滅則生滅，生滅則老、病、死、憂、悲、惱苦滅，如是如是純大苦聚滅。」

佛說此經已，諸比丘聞佛所說，歡喜奉行！

◉三二二（二八四）

如是我聞：

一時，佛住舍衛國祇樹給孤獨園。

爾時，世尊告諸比丘：「若於所取法隨生味著，顧念、縛心，其心驅馳，追逐名色；名色緣六入處，六入處緣觸，觸緣受，受緣愛，愛緣取，取緣有，有緣生，生緣老、病、死、憂、悲、惱苦，如是如是純大苦聚集。譬大樹根幹、枝條、柯葉、華果，下根深固，壅以糞土，溉灌以水，彼樹堅固，永世不朽。如是，比丘！於所取法隨生味著、顧念、心縛，其心驅馳，追逐名色；名色緣六入處，六入處緣觸，觸緣受，受緣愛，愛緣取，取緣有，有緣生，生緣老、病、死、憂、悲、惱苦，如是如是純大苦聚集。

「若於所取法隨順無常觀，住生滅觀、無欲觀、滅觀、厭觀，心不顧念，無所縛著，識則不驅馳、追逐名色，則名色滅；名色滅則六入處滅，六入處滅則觸滅，觸滅則受滅，受滅則愛滅，愛滅則取滅，取滅則有滅，有滅則生滅，生滅則老、病、死、憂、悲、惱苦滅，如是如是純大苦聚滅。猶如種樹，不隨時愛護，令其安隱，不壅糞土，不隨時溉灌，冷暖不適，不得增長。若復斷根、截枝，段段斬截，分分解析，風飄、日炙，以火焚燒，燒以成糞，或颺以疾風，或投之流水。比丘！於意云何？非為彼樹斷截其根，乃至焚燒，令其磨滅，於未來世成不生法耶？」

答言：「如是，世尊！」

「如是，比丘！於所取法，隨順無常觀，住生滅觀、無欲觀、滅觀、厭觀，不生顧念，心不縛著，識不驅馳、追逐名色，則名色滅；名色滅則六入處滅，六入處滅則觸滅，觸滅則受滅，受滅則愛滅，愛滅則取滅，取滅則有滅，有滅則生滅，生滅則老、病、死、憂、悲、惱、苦滅，如是如是純大苦聚滅。」

佛說此經已，諸比丘聞佛所說，歡喜奉行！

◉三二五（二八七）

如是我聞：

一時，佛住舍衛國祇樹給孤獨園。

爾時，世尊告諸比丘：「我憶宿命未成正覺時，獨一靜處，專精禪思，作是念：何法有故老死有？何法緣故老死有？即正思惟，生如實無間等：生有故老死有，生緣故老死有。如是有、取、愛、受、觸、六入處、名色。何法有故名色有？何法緣故名色有？即正思惟，如實無間等生：識有故名色有，識緣故有名色有。我作是思惟時，齊識而還不能過彼，謂緣識名色，緣名色六入處，緣六入處觸，緣觸受，緣受愛，緣愛取，緣取有，緣有生，緣生、老、病、死、憂、悲、惱苦，如是如是純大苦聚集。

「我時作是念：何法無故則老死無？何法滅故老死滅？即正思惟，生如實無間等：生無故老死無，生滅故老死滅，如是生、有、取、愛、受、觸、六入處、名色、識、行廣說。

「我復作是思惟：何法無故行無？何法滅故行滅？即正思惟如實無間等：無明無故行無，無明滅故行滅；行滅故識滅，識滅故名色滅，名色滅故六入處滅，六入處滅故觸滅，觸滅故受滅，受滅故愛滅，愛滅故取滅，取滅故有滅，有滅故生滅，生滅故老、病、死、憂、悲、惱苦滅，如是如是純大苦聚滅。

「我時作是念：我得古仙人道、古仙人逕、古仙人道跡，古仙人從此跡去，我今隨去。譬如有人遊於曠野，披荒覓路，忽遇故道古人行處，彼則隨行。漸漸前進，見故城邑、古王宮殿、園觀、浴池，林木清淨。彼作是念：我今當往白王令知。即往白王：『大王當知！我遊曠野，披荒求路，忽見故道古人行處，我即隨行。我隨行已，見故城邑、故王宮殿、園觀、浴池，林流清淨，大王可往居止其中。』王即往彼，止住其中，豐樂安隱，人民熾盛。

「今我如是，得古仙人道、古仙人逕、古仙人跡，古仙人去處，我得隨去，謂八聖道：正見、正志、正語、正業、正命、正方便、正念、正定。我從彼道，見老病死、老病死集、老病死滅、老病死滅道跡，見生、有、取、愛、受、觸、六入處、名色、識、行、行集、行滅、行滅道跡。我於此法自知自覺，成等正覺，爲比丘、比丘尼、優婆塞、優婆夷，及餘外道沙門、婆羅門、在家、出家，彼諸四衆，聞法正向、信樂，知法善，梵行增廣，多所饒益，開示顯發。」

佛說此經已，諸比丘聞佛所說，歡喜奉行！

◉三二六（二八八）

如是我聞：

一時，佛住王舍城迦蘭陀竹園。

爾時，尊者舍利弗、尊者摩訶拘絺羅在耆闍崛山。

爾時，尊者舍利弗晡時從禪覺，詣尊者摩訶拘絺羅，共相問訊慶慰已，於一面坐，語尊者摩訶拘絺羅：「欲有所問，寧有閑暇見答與不？」

尊者摩訶拘絺羅語尊者舍利弗言：「仁者且問，知者當答。」

尊者舍利弗問尊者摩訶拘絺羅：「云何，尊者摩訶拘絺羅！有老不？」

答言：「有。」

尊者舍利弗復問：「有死不？」

答言：「有。」

復問：「云何，老死自作耶？為他作耶？為自他作耶？為非自非他無因作耶？」

答言：「尊者舍利弗！老死非自作、非他作、非自他作、亦非非自他作無因作，然彼生緣故有老死。」

「如是生、有、取、愛、受、觸、六入處、名色，為自作？為他作？為自他作？為非自他無因作？」

答言：「尊者舍利弗！名色非自作，非他作，非自他作，非非自他作無因作，然彼名色緣識生。」

復問：「彼識為自作？為他作？為自他作？為非自非他無因作？」

答言：「尊者舍利弗！彼識非自作，非他作，非自他作，非非自他作無因作，然彼識緣名色生。」

尊者舍利弗復問：「尊者摩訶拘絺羅！先言名色非自作，非他作，非自他作，非非自他作無因作，然彼名色緣識生，而今復言名色緣識，此義云何？」

尊者摩訶拘絺羅答言：「今當說譬，如智者因譬得解。譬如三蘆立於空地，展轉相依，而得豎立。若去其一，二亦不立；若去其二，一亦不立；展轉相依，而得豎立。識緣名色，亦復如是，展轉相依，而得生長。」

尊者舍利弗言：「善哉！善哉！尊者摩訶拘絺羅！世尊聲聞中，智慧明達，善調無畏，見甘露法，以甘露法具足身作證者，謂尊者摩訶拘絺羅，乃有如是甚深義辯，種種難問，皆悉能答！如無價寶珠，世所頂戴，我今頂戴尊者摩訶拘絺羅，亦復如是。我今於汝所，快得善利，諸餘梵行數詣其所，亦得善利，以彼尊者善說法故。我今以此尊者摩訶拘絺羅所說法故，當以三十種讚歎稱揚隨喜！

「尊者摩訶拘絺羅，說老死厭患、離欲、滅盡，是名法師；說生、有、取、愛、受、觸、六入處、名色、識，厭患、離欲、滅盡，是名法師。若比丘於老死厭患、離欲、滅盡向，是名法師；乃至識厭患、離欲、滅盡向，是名法師。若比丘於老死厭患、離欲、滅盡，不起諸漏，心善解脫，是名法師；乃至識厭患、離欲、滅盡，不起諸漏，心善解脫，是名法師。」

尊者摩訶拘絺羅語尊者舍利弗言：「善哉！善哉！於世尊聲聞中，智慧明達，善調無畏，見甘露法，以甘露法具足身作證者，謂尊者舍利弗，能作如是種種甚深正智之問，猶如世間無價寶珠，人皆頂戴，汝今如是，普為一切諸梵行者之所頂戴、恭敬、奉事。我於今日快得善利，得與尊者共論妙義。」

時，二正士更相隨喜，各還所住。

◉三三〇（二九二）

如是我聞：

一時，佛住王舍城迦蘭陀竹園。

爾時，世尊告諸比丘：「云何思量觀察正盡苦，究竟苦邊？時，思量眾生所有眾苦，種種差別，此諸苦何因、何集、何生、何觸？思量取因、取集、取生、取觸。若彼取滅無餘，眾苦則滅，彼所乘苦滅道跡如實知，修行彼向次法，是名比丘向正盡苦，究竟苦邊，所謂取滅。

「復次，比丘思量觀察正盡苦，究竟苦邊。時，思量彼取何因、何集、何生、何觸？思量彼取愛因、愛集、愛生、愛觸。彼愛永滅無餘，取亦隨滅，彼所乘取滅道跡如實知，修習彼向次法，是名比丘向正盡苦，究竟苦邊，所謂愛滅。

「復次，比丘思量觀察正盡苦，究竟苦邊。則思量彼愛何因、何集、何生、何觸？知彼愛受因、受集、受生、受觸。彼受永滅無餘，則愛滅，彼所乘愛滅道跡如實知，修習彼向次法，是名比丘向正盡苦，究竟苦邊，所謂受滅。

「復次，比丘思量觀察正盡苦，究竟苦邊。時，思量彼受何因、何集、何生、何觸？知彼受觸因、觸集、觸生、觸緣。彼觸永滅無餘，則受滅，彼所乘觸滅道跡如實知，修習彼向次法，是名比丘向正盡苦，究竟苦邊。

「復次，比丘思量觀察正盡苦，究竟苦邊。時，思量彼觸何因、何集、何生、何觸？當知彼觸六入處因、六入處集、六入處生、六入處觸。彼六入處滅無餘，則觸滅。彼所乘六入處滅道跡如實知，修習彼向次法，是名比丘向正盡苦，究竟苦邊。

「復次，比丘思量觀察正盡苦，究竟苦邊。時，思量彼六入處何因、何集、何生、何觸？知彼六入處名色因、名色集、名色生、名色觸。名色永滅無餘，則六入處滅，彼所乘名色滅道跡如實知，修習彼向次法，是名比丘向正盡苦，究竟苦邊，所謂名色滅。

「復次，比丘思量正盡苦，究竟苦邊。時，思量名色何因、何集、何生、何觸？知彼名色識因、識集、識生、識觸。彼識欲滅無餘，則名色滅，彼所乘識滅道跡如實知，修習彼向次法，是名比丘向正盡苦，究竟苦邊，所謂識滅。

「復次，比丘思量觀察正盡苦，究竟苦邊。時，思量彼識何因、何集、何生、何觸？知彼識行因、行集、行生、行轉，作諸福行，善識生；作諸不福不善行，不善識生；作無所有行，無所有識生，是爲彼識行因、行集、行生、行觸。彼行欲滅無餘，則識滅，彼所乘行滅道跡如實知，修習彼向次法，是名比丘向正盡苦，究竟苦邊，所謂行滅。

「復次，比丘思量觀察正盡苦，究竟苦邊。時，思量彼行何因、何集、何生、何觸？知彼行無明因、無明集、無明生、無明觸。彼福行無明緣，非福行亦無明緣，非福不福行亦無明緣。是故當知：彼行無明因、無明集、無明生、無明觸。彼無明永滅無餘，則行滅，彼所乘無明滅道跡如實知，修習彼向次法，是名比丘向正盡苦，究竟苦邊，所謂無明滅。」

佛告比丘：「於意云何？若不樂無明而生明，復緣彼無明作福行、非福行、無所有行不？」

比丘白佛：「不也，世尊！所以者何？多聞聖弟子，不樂無明而生明，無明滅則行滅，行滅則識滅，……如是乃至生、老、病、死、憂、悲、惱苦滅，如是如是純大苦聚滅。」

佛言：「善哉！善哉！比丘！我亦如是說，汝亦知此。於彼彼法起彼彼法，生彼彼法，滅彼彼法，滅止、清涼、息沒。若多聞聖弟子，無明離欲而生明，身分齊受所覺，身分齊受所覺時如實知；若壽分齊受所覺，壽分齊受所覺時如實知；身壞時壽命欲盡，於此諸受一切所覺滅盡無餘。譬如力士取新熟瓦器，乘熱置地，須臾散壞，熱勢悉滅。如是，比丘無明離欲而生明，身分齊受所覺如實知，壽分齊受所覺如實知，身壞命終，一切受所覺悉滅無餘。」

佛說此經已，諸比丘聞佛所說，歡喜奉行！

◉三三一（二九三）

如是我聞：

一時，佛住王舍城迦蘭陀竹園。

爾時，世尊告異比丘：「我已度疑，離於猶豫，拔邪見刺，不復退轉。心無所著故，何處有我爲彼比丘說法？爲彼比丘說賢聖出世空相應緣起隨順法？所謂有是故是事有，是事有故是事起，所謂緣無明行，緣行識，緣識名色，緣名色六入處，緣六入處觸，緣觸受，緣受愛，緣愛取，緣取有，緣有生，緣生老、死、憂、悲、惱苦，如是如是純大苦聚集，……乃至如是純大苦聚滅。

「如是說法，而彼比丘猶有疑惑猶豫。先不得得想，不獲獲想，不證證想；今聞法已，心生憂苦、悔恨、矇没、障礙。所以者何？此甚深處，所謂緣起，倍復甚深難見，所謂一切取離、愛盡、無欲、寂滅、涅槃；如此二法，謂有爲、無爲。有爲者，若生、若住、若異、若滅，無爲者不生、不住、不異、不滅，是名比丘諸行苦寂滅涅槃。因集故苦集，因滅故苦滅；斷諸逕路，滅於相續，相續滅滅，是名苦邊。比丘！彼何所滅？謂有餘苦。彼若滅止、清涼、息沒，所謂一切取滅、愛盡、無欲、寂滅、涅槃。」

佛說此經已，諸比丘聞佛所說，歡喜奉行！

◉三三四（二九六）

如是我聞：

一時，佛住王舍城迦蘭陀竹園。

爾時，世尊告諸比丘：「我今當說因緣法及緣生法。

「云何為因緣法？謂此有故彼有，謂緣無明行，緣行識，……乃至如是如是純大苦聚集。

「云何緣生法？謂無明、行……。若佛出世，若未出世，此法常住，法住法界，彼如來自所覺知，成等正覺，為人演說，開示顯發，謂緣無明有行，……乃至緣生有老死。若佛出世，若未出世，此法常住，法住法界，彼如來自覺知，成等正覺，爲人演說，開示顯發，謂緣生故，有老、病、死、憂、悲、惱苦。此等諸法，法住、法空、法如、法爾，法不離如，法不異如，審諦真實、不顛倒，如是隨順緣起，是名緣生法。謂無明、行、識、名色、六入處、觸、受、愛、取、有、生、老、病、死、憂、悲、惱苦，是名緣生法。

「多聞聖弟子，於此因緣法、緣生法正知善見，不求前際，言：『我過去世若有、若無？我過去世何等類？我過去世何如？』不求後際：『我於當來世爲有，爲無？云何類？何如？』內不猶豫：『此是何等？云何有此爲前？誰終當云何之？此衆生從何來？於此沒當何之？』若沙門、婆羅門起凡俗見所繫，謂說我見所繫，說衆生見所繫，說壽命見所繫，忌諱吉慶見所繫，爾時悉斷、悉知，斷其根本，如截多羅樹頭，於未來世，成不生法。是名多聞聖弟子，於因緣法、緣生法如實正知，善見、善覺、善修、善入。」

佛說此經已，諸比丘聞佛所說，歡喜奉行！

◉三三五（二九七）

如是我聞：

一時，佛住拘留搜調牛聚落。

爾時，世尊告諸比丘：「我當為汝等說法，初、中、後善，善義善味，純一清淨，梵行清白，所謂大空法經。諦聽！善思！當為汝說。云何為大空法經？所謂此有故彼有，此起故彼起，謂緣無明行，緣行識，……乃至純大苦聚集。

「緣生老死者，若有問言：『彼誰老死？老死屬誰？』彼則答言：『我即老死，今老死屬我，老死是我。』所言：『命即是身。』或言：『命異、身異。』此則一義，而說有種種。若見言：『命即是身。』彼梵行者所無有。若復見言：『命異身異。』梵行者所無有。於此二邊，心所不隨，正向中道。賢聖出世，如實不顛倒正見，謂緣生老死，如是生、有、取、愛、受、觸、六入處、名色、識、行，緣無明故有行。

「若復問言：『誰是行？行屬誰？』彼則答言：『行則是我，行是我所。』彼如是：『命即是身。』或言：『命異身異。』彼見命即是身者，梵行者無有；或言『命異身異』者，梵行者亦無有。離此二邊，正向中道。賢聖出世，如實不顛倒正見所知，所謂緣無明行……。

「諸比丘！若無明離欲而生明，彼誰老死？老死屬誰者？老死則斷，則知斷其根本，如截多羅樹頭，於未來世成不生法。若比丘無明離欲而生明，彼誰生？生屬誰？……乃至誰行？行屬誰者？行則斷，則知斷其根本，如截多羅樹頭，於未來世成不生法。若比丘無明離欲而生明，彼無明滅則行滅，……乃至純大苦聚滅，是名大空法經。」

佛說此經已，諸比丘聞佛所說，歡喜奉行！

◉三三六（二九八）

如是我聞：

一時，佛住拘留搜調牛聚落。

爾時，世尊告諸比丘：「我今當說緣起法法說、義說。諦聽！善思！當爲汝說。

「云何緣起法法說？謂此有故彼有，此起故彼起，謂緣無明行，……乃至純大苦聚集，是名緣起法法說。

「云何義說？謂緣無明行者。彼云何無明？若不知前際、不知後際、不知前後際，不知於內、不知於外、不知內外，不知業、不知報、不知業報，不知佛、不知法、不知僧，不知苦、不知集、不知滅、不知道，不知因、不知因所起法，不知善、不善，有罪、無罪，習、不習，若劣、若勝，染汙、清淨，分別緣起，皆悉不知；於六觸入處，不如實覺知；於彼彼不知、不見、無無間等、癡闇、無明、大冥，是名無明。

「緣無明行者，云何爲行？行有三種：身行，口行、意行。緣行識者，云何爲識？謂六識身：眼識身、耳識身、鼻識身、舌識身、身識身、意識身。

「緣識名色者，云何名？謂四無色陰：受陰、想陰、行陰、識陰。云何色？謂四大、四大所造色，是名為色，此色及前所說名，是為名色。

「緣名色六入處者，云何為六入處？謂六內入處：眼入處、耳入處、鼻入處、舌入處、身入處、意入處。

「緣六入處觸者，云何為觸？謂六觸身：眼觸身、耳觸身、鼻觸身、舌觸身、身觸身、意觸身。

「緣觸受者，云何為受？謂三受：苦受、樂受、不苦不樂受。

「緣受愛者，彼云何為愛？謂三愛：欲愛、色愛、無色愛。

「緣愛取者，云何為取？四取：欲取、見取、戒取、我取。

「緣取有者，云何為有？三有：欲有、色有、無色有。

「緣有生者，云何為生？若彼彼眾生，彼彼身種類生，超越和合出生，得陰、得界、得入處、得命根，是名為生。

「緣生老死者，云何為老？若髮白露頂、皮緩根熟、支弱背僂、垂頭呻吟、短氣前輸，拄杖而行，身體黧黑，四體斑駮，闇鈍垂熟，造行艱難羸劣，是名為老。

「云何為死？彼彼衆生，彼彼種類沒、遷移、身壞、壽盡、火離、命滅、捨陰時到，是名為死。此死及前說老，是名老死。是名緣起義說。」

佛說此經已，諸比丘聞佛所說，歡喜奉行！

◉三三七（二九九）

如是我聞：

一時，佛住拘留搜調牛聚落。

時，有異比丘來詣佛所，稽首禮足，退坐一面，白佛言：「世尊！謂緣起法為世尊作？為餘人作耶？」

佛告比丘：「緣起法者，非我所作，亦非餘人作。然彼如來出世及未出世，法界常住，彼如來自覺此法，成等正覺，為諸衆生分別演說、開發顯示。所謂此有故彼有，此起故彼起，謂緣無明行，……乃至純大苦聚集；無明滅故行滅，……乃至純大苦聚滅。」

佛說此經已，時，彼比丘聞佛所說，歡喜奉行！

◉三三九（三〇一）

如是我聞：

一時，佛住那梨聚落深林中待賓舍。

爾時，尊者　陀迦旃延詣佛所，稽首佛足，退住一面，白佛言：「世尊！如世尊說正見。云何正見？云何世尊施設正見？」

佛告　陀迦旃延：「世間有二種依，若有、若無，爲取所觸；取所觸故，或依有、或依無。若無此取者，心境繫著使不取、不住、不計我苦生而生，苦滅而滅，於彼不疑、不惑，不由於他而自知，是名正見，是名如來所施設正見。所以者何？世間集如實正知見，若世間無者不有；世間滅如實正知見，若世間有者無有，是名離於二邊說於中道。所謂此有故彼有，此起故彼起，謂緣無明行，……乃至純大苦聚集；無明滅故行滅，……乃至純大苦聚滅。」

佛說此經已，尊者蹴陀迦旃延聞佛所說，不起諸漏，心得解脫，成阿羅漢。

◉三四〇（三〇二）

如是我聞：

一時，佛住王舍城耆闍崛山。

爾時，世尊晨朝著衣持鉢，出耆闍崛山，入王舍城乞食。

時，有阿支羅迦葉爲營小事，出王舍城，向耆闍崛山，遙見世尊。見已，詣佛所，白佛言：「瞿曇！欲有所問，寧有閑暇見答與不？」

佛告迦葉：「今非論時，我今入城乞食，來還則是其時，當爲汝說。」

第二亦如是說。第三復問：「瞿曇！何爲我作留難？云何有異？我今欲有所問，爲我解說。」

佛告阿支羅迦葉：「隨汝所問。」

阿支羅迦葉白佛言，「云何，瞿曇！苦自作耶？」

佛告迦葉：「苦自作者，此是無記。」

迦葉復問：「云何，瞿曇！苦他作耶？」

佛告迦葉：「苦他作者，此亦無記。」

迦葉復問：「苦自他作耶？」

佛告迦葉：「苦自他作，此亦無記。」

迦葉復問：「云何，瞿曇！苦非自非他無因作耶？」

佛告迦葉：「苦非自非他無因作者，此亦無記。」

迦葉復問：「云何無因作者？瞿曇！所問苦自作耶？答言無記。他作耶？自他作耶？非自非他無因作耶？答言無記。今無此苦耶？」

佛告迦葉：「非無此苦，然有此苦。」

迦葉白佛言：「善哉！瞿曇！說有此苦，爲我說法，令我知苦見苦。」

佛告迦葉：「若受即自受者，我應說苦自作；若他受他即受者，是則他作；若受自受他受，復與苦者，如是者自他作，我亦不說；若不因自他，無因而生苦者，我亦不說。離此諸邊，說其中道，如來說法，此有故彼有，此起故彼起，謂緣無明行，……乃至純大苦聚集；無明滅則行滅，乃至純大苦聚滅。」

佛說此經已，阿支羅迦葉遠塵離垢，得法眼淨。時，阿支羅迦葉見法、得法、知法、入法，度諸狐疑，不由他知、不因他度，於正法、律心得無畏，合掌白佛言：「世尊！我今已度。我從今日，歸依佛、歸依法、歸依僧，盡壽作優婆塞，證知我。」

阿支羅迦葉聞佛所說，歡喜隨喜，作禮而去。

時，阿支羅迦葉辭世尊去不久，爲護犢牸牛所觸殺，於命終時，諸根清淨，顏色鮮白。

爾時，世尊入城乞食，時，有衆多比丘，亦入王舍城乞食。聞有傳說：阿支羅迦葉從世尊聞法，辭去不久，爲牛所觸殺，於命終時，諸根清淨，顏色鮮白。諸比丘乞食已，還出，舉衣鉢，洗足，詣世尊所，稽首禮足，退坐一面，白佛言：「世尊！我今晨朝衆多比丘入城乞食，聞阿支羅迦葉從世尊聞法、律，辭去不久，爲護犢牛所觸殺，於命終時，諸根清淨，顏色鮮白。世尊！彼生何趣？何處受生？彼何所得？」

佛告諸比丘：「彼已見法、知法、次法、不受於法，已般涅槃，汝等當往供養其身。」

爾時，世尊爲阿支羅迦葉授第一記。

雜阿含經卷第十四

◉三四三（三四四）

如是我聞：

一時，佛住王舍城迦蘭陀竹園。

爾時，尊者舍利弗、尊者摩訶拘絺羅住耆闍崛山。

時，尊者摩訶拘絺羅晡時從禪定起，詣舍利弗所，共相慶慰，共相慶慰已，退坐一面，語尊者舍利弗：「欲有所問，寧有閒暇見答與不？」

尊者舍利弗語尊者摩訶拘絺羅：「仁者但問，知者當答。」

尊者摩訶拘絺羅語尊者舍利弗言：「多聞聖弟子於此法、律成就何法，名爲見具足，直見成就，成就於佛不壞淨，來入正法，得此正法，悟此正法？」

尊者舍利弗語尊者摩訶拘絺羅：「多聞聖弟子於不善法如實知，不善根如實知；善法如實知，善根如實知。

「云何不善法如實知？不善身業、口業、意業，是名不善法，如是不善法如實知。云何不善根如實知？三不善根：貪不善根、恚不善根、癡不善根，是名不善根，如是不善根如實知。

「云何善法如實知？善身業、口業、意業，是名善法，如是善法如實知。云何善根如實知？謂三善根：無貪、無恚、無癡，是名三善根，如是善根如實知。

「尊者摩訶拘絺羅！如是多聞聖弟子不善法如實知，不善根如實知，善法如實知，善根如實知，故於此法、律正見具足，直見成就，於佛不壞淨成就，來入正法，得此正法，悟此正法。」

尊者摩訶拘絺羅語尊者舍利弗言：「正有此等，更有餘耶？」

尊者舍利弗言：「有。若多聞聖弟子於食如實知，食集、食滅、食滅道跡如實知。

「云何於食如實知？謂四食。何等爲四？一者麁摶食，二者細觸食，三者意思食，四者識食。是名爲食，如是食如實知。云何食集如食知？謂當來有愛、喜、貪俱，彼彼樂著，是名食集，如是食集如實知。云何食滅如實知？若當來有愛、喜貪俱，彼彼樂者，無餘、斷捨、吐盡、離欲、滅、息沒，是名食滅，如是食滅如實知。云何食滅道跡如實知？謂八聖道：正見、正志、正語、正業、正命、正方便、正念、正定，是名食滅道跡，如是食滅道跡如實知。

「若多聞聖弟子於此食如實知，食集如實知，食滅如實知，食滅道跡如實知，是故多聞聖弟子於正法、律，正見具足，直見成就，於佛不壞淨成就，來入正法，得此正法，悟此正法。」

尊者摩訶拘絺羅復問尊者舍利弗：「正有此等，更有餘耶？」

尊者舍利弗言：「尊者摩訶拘絺羅！復更有餘。多聞聖弟子於病如實知，病集如實知，病滅如實知，病滅道跡如實知。

「云何有病如實知？謂三病：欲病、有病、無明病，是名病，如是病如實知。云何病集如實知？無明集是病集，是名病集如實知。云何病滅如實知？無明滅是病滅，如是病滅如實知。云何病滅道跡如實知？謂八正道，如前說，如是病滅道跡如實知。

「若多聞聖弟子，於病如實知，病集如實知，病滅如實知，病滅道跡如實知，故多聞聖弟子，於此法、律，正見具足，……乃至悟此正法。」

尊者摩訶拘絺羅問尊者舍利弗：「正有此等，更有餘耶？」

尊者舍利弗語尊者摩訶拘絺羅：「亦更有餘。多聞聖弟子於苦如實知，苦集如實知，苦滅如實知，苦滅道跡如實知。

「云何苦如實知？謂生苦、老苦、病苦、死苦、恩愛別苦、怨憎會苦、所欲不得苦；如是略說五受陰苦，是名爲苦，如是苦如實知。云何苦集如實知？當來有愛、喜、貪俱，彼彼集著，是名苦集，如是苦集如實知。云何苦滅如實知？若當來有愛、喜、貪俱、彼彼染著，無餘斷，乃至息沒，是名苦滅，如是苦滅如實知。云何苦滅道跡如實知？謂八聖道，如上說，是名苦滅道跡，如是苦滅道跡如實知。

「多聞聖弟子如是苦如實知，苦集、苦滅、苦滅道跡如實知。如是聖弟子於我法、律，具足正見，直見成就，於佛不壞淨成就，來入正法，得此正法，悟此正法。」

復問尊者舍利弗：「正有此法，復有餘耶？」

尊者舍利弗答言：「更有餘。謂多聞聖弟子老死如實知，老死集如實知，老死滅如實知，老死滅道跡如實知，如前分別經說。云何老死集如實知？生集是老死集，生滅是老死滅，老死滅道跡，謂八正道，如前說。多聞聖弟子於此老死如實知，……乃至老死滅道跡如實知。如是聖弟子於我法、律正見具足，直見成就，於佛不壞淨成就，來入正法，得此正法，悟此正法。如是生、有、取、愛、受、觸、六入處、名色、識、行，聖弟子於行如實知，行集、行滅、行滅道跡如實知。

「云何行如實知？行有三種：身行、口行、意行，如是行如實知。云何行集如實知？無明集是行集，如是行集如實知。云何行滅如實知？無明滅是行滅，如是行滅如實知。云何行滅道跡如實知？謂八聖道，如前說。摩訶拘絺羅！是名聖弟子行如實知，行集、行滅、行滅道跡如實知。於我法、律，正見具足，直見成就，於佛不壞淨成就，來入正法，得此正法，悟此正法。」

摩訶拘絺羅復問尊者舍利弗：「唯有此法，更有餘耶？」

舍利弗答言：「摩訶拘絺羅！汝何爲逐？汝終不能究竟諸論，得其邊際。若聖弟子斷除無明而生明，何須更求？」

時，二正士共論義已，各還本處。

◉三四六（三四七）

如是我聞：

一時，佛住王舍城迦蘭陀竹園。

若王、大臣、婆羅門、長者、居士，及餘世人所共恭敬、尊重、供養，佛及諸聲聞衆，大得利養——衣被、飲食、臥具、湯藥；都不恭敬、尊重、供養衆邪異道衣被、飲食、臥具、湯藥。

爾時，衆多異道聚會未曾講堂，作如是論：「我等昔來常爲國王、大臣、長者、居士，及餘一切之所奉事，恭敬供養衣被、飲食、臥具、湯藥，今悉斷絕，但恭敬供養沙門瞿曇、聲聞大衆衣被、飲食、臥具、湯藥。今此衆中，誰有智慧、大力，堪能密往詣彼沙門瞿曇衆中出家，聞彼法已，來還廣說，我等當復用彼聞法化諸國王、大臣、長者、居士，令其信樂，可得還復供養如前？」

時，有人言：「有一年少，名曰須深，聰明黠慧，堪能密往沙門瞿曇衆中出家，聽彼法已，來還宣說。」

時，諸外道詣須深所，而作是言：「我今日大衆聚集未曾講堂，作如是論：『我等先來爲諸國王、大臣、長者、居士及諸世人之所恭敬奉事，供養衣被、飲食、臥具、湯藥，今悉斷絕，國王、大臣、長者、居士及諸世間，悉共奉事沙門瞿曇、聲聞大衆。我此衆中，誰有聰明黠慧，堪能密往沙門瞿曇衆中出家學道，聞彼法已，來還宣說，化諸國王、大臣、長者、居士，令我此衆還得恭敬、尊重、供養？』其中有言：『唯有須深聰明黠慧，堪能密往瞿曇法中出家學道，聞彼說法，悉能受持，來還宣說。』是故我等故來相請，仁者當行！」

時，彼須深默然受請，詣王舍城迦蘭陀竹園。

時，衆多比丘出房舍外露地經行。爾時，須深詣衆多比丘而作是言：「諸尊！我今可得於正法中，出家受具足，修梵行不？」

時，衆多比丘將彼須深詣世尊所，稽首禮足，退住一面，白佛言：「世尊！今此外道須深欲求於正法中出家受具足，修梵行。」

爾時，世尊知外道須深心之所念，告諸比丘：「汝等當度彼外道須深，令得出家。」時，諸比丘願度須深。

出家已經半月，有一比丘語須深言：「須深當知：我等生死已盡，梵行已立，所作已作，自知不受後有。」

時，彼須深語比丘言：「尊者！云何，學離欲、惡不善法，有覺有觀，離生喜樂，具足初禪，不起諸漏，心善解脫耶？」

比丘答言：「不也，須深！」

復問：「云何，離有覺有觀，內淨一心，無覺無觀，定生喜樂，具足第二禪，不起諸漏，心善解脫耶？」

比丘答言：「不也，須深！」

復問：「云何，尊者離喜捨心，住正念正智，身心受樂，聖說及捨，具足第三禪，不起諸漏，心善解脫耶？」

答言：「不也，須深！」

復問：「云何，尊者離苦息樂，憂喜先斷，不苦不樂捨，淨念一心，具足第四禪，不起諸漏，心善解脫耶？」

答言：「不也，須深！」

復問：「若復寂靜解脫起色、無色，身作證具足住，不起諸漏，心善解脫耶？」

答言：「不也，須深！」

須深復問：「云何，尊者所說不同，前後相違？云何不得禪定而復記說？」

比丘答言：「我是慧解脫也。」

作是說已，衆多比丘各從座起而去。

爾時，須深知衆多比丘去已，作是思惟：此諸尊者所說不同，前後相違，言不得正受，而復記說自知作證。作是思惟已，往詣佛所，稽首禮足，退住一面，白佛言：「世尊！彼衆多比丘於我面前記說：『我生已盡，梵行已立，所作已作，自知不受後有。』我即問彼尊者：『得離欲、惡不善法，……乃至身作證，不起諸漏，心善解脫耶？』彼答我言：『不也，須深！』我即問言：『所說不同，前後相違，言不入正受，而復記說，自知作證。』彼答我言：『得慧解脫。』作此說已，各從座起而去。我今問世尊：『云何彼所說不同，前後相違，不得正受，而復說言，自知作證？』」

佛告須深：「彼先知法住，後知涅槃。彼諸善男子，獨一靜處，專精思惟，不放逸住，離於我見，不起諸漏，心善解脫。」

須深白佛：「我今不知『先知法住，後知涅槃。彼諸善男子，獨一靜處，專精思惟，不放逸住，離於我見，不起諸漏，心善解脫。』」

佛告須深：「不問汝知不知，且自先知法住，後知涅槃。彼諸善男子，獨一靜處，專精思惟，不放逸住，離於我見，心善解脫。」

須深白佛：「唯願世尊爲我說法，令我得知法住智，得見法住智！」

佛告須深：「我今問汝，隨意答我。須深！於意云何？有生故有老死，不離生有老死耶？」

須深答曰：「如是，世尊！」

「有生故有老死，不離生有老死；如是生、有、取、愛、受、觸、六入處、名色、識、行、無明，有無明故有行，不離無明而有行耶？」

須深白佛：「如是，世尊！有無明故有行，不離無明而有行。」

佛告須深：「無生故無老死，不離生滅而老死滅耶？」

須深白佛言：「如是，世尊！無生故無老死，不離生滅而老死滅。」

「如是……乃至無無明故無行，不離無明滅而行滅耶？」

須深白佛：「如是，世尊！無無明故無行，不離無明滅而行滅。」

佛告須深：「作如是知、如是見者，爲有離欲、惡不善法，……乃至身作證具足住不？」

須深白佛：「不也，世尊！」

佛告須深：「是名先知法住，後知涅槃。彼諸善男子，獨一靜處，專精思惟，不放逸住，離於我見，不起諸漏，心善解脫。」

佛說此經已，尊者須深遠塵離垢，得法眼淨。

爾時，須深見法得法，覺法度疑，不由他信，不由他度，於正法中心得無畏，稽首佛足，白佛言：「世尊！我今悔過！我於正法中盜密出家，是故悔過。」

佛告須深：「云何於正法中盜密出家？」

須深白佛言：「世尊！有衆多外道來詣我所，語我言：『須深當知：

我等先爲國王、大臣、長者、居士，及餘世人恭敬供養，而今斷絕，悉共供養沙門瞿曇、聲聞大衆。汝今密往沙門瞿曇、聲聞衆中，出家受法，得彼法已，還來宣說我等，當以彼聞法教化世間，令彼恭敬供養如初。』是故，世尊！我於正法、律中盜密出家，今日悔過，唯願世尊聽我悔過，以哀愍故。」

佛告須深：「受汝悔過，汝當具說：『我昔愚癡、不善、無智，於正法、律盜密出家，今日悔過，自見罪、自知罪，於當來世律儀成就，功德增長，終不退減。』所以者何？凡人有罪，自見、自知而悔過者，於當來世律儀成就，功德增長，終不退減。」

佛告須深：「今當說譬，其智慧者，以譬得解。譬如國王有防邏者，捉捕盜賊，縛送王所，白言：『大王！此人劫盜，願王處罪。』王言：『將罪人去，反縛兩手，惡聲宣令，周遍國中，然後將出城外刑罪人處，遍身四體，劓以百矛。』彼典刑者，受王教令，送彼罪人，反縛兩手，惡聲宣唱，週遍城邑，將出城外刑罪人處，遍身四體，劓以百矛。日中，王問：

『罪人活耶？』臣白言：『活。』王復勑臣：『復劖百矛。』至日晡時，復劖百矛，彼猶不死。」

佛告須深：「彼王治罪，劖以三百矛，彼罪人身寧有完處如手掌不？」

須深白佛：「無也，世尊！」

復問須深：「時彼罪人，劖以三百矛因緣，受苦極苦劇不？」

須深白佛：「極苦，世尊！若劖以一矛，苦痛難堪，況三百矛，當可堪忍？」

佛告須深：「此尚可耳，若於正法律盜密出家，盜受持法，爲人宣說，當受苦痛倍過於彼。」

佛說是法時，外道須深漏盡意解。佛說此經已，尊者須深聞佛所說，歡喜奉行！

◉三五〇（三五一）

如是我聞：

一時，尊者那羅、尊者茂師羅、尊者殊勝、尊者阿難住舍衞國象耳池側。

爾時，尊者那羅語尊者茂師羅言：「有異信、異欲、異聞、異行覺想、異見審諦忍，有如是正自覺知見生，所謂生故有老死，不離生有老死耶？」

尊者茂師羅言：「有異信、異欲、異聞、異行覺想、異見審諦忍，有如是正自覺知見生，所謂有生故有老死，不異生有老死，如是說有。」

「尊者茂師羅！有異信，乃至異忍，得自覺知見生，所謂有滅、寂滅、涅槃耶？」

尊者茂師羅答言：「有異信，乃至異忍，得自覺知見生，所謂有滅、寂滅、涅槃。」

復問：「尊者茂師羅！有滅則寂滅、涅槃，說者汝今便是阿羅漢，諸漏盡耶？」

尊者茂師羅默然不答。第二、第三問亦默然不答。

爾時，尊者殊勝語尊者茂師羅：「汝今且止，我當爲汝答尊者那羅。」

尊者茂師羅言：「我今且止，汝爲我答。」

爾時，尊者殊勝語尊者那羅：「有異信乃至異忍，得自覺知見生，所謂有滅則寂滅、涅槃。」

時，尊者那羅問尊者殊勝言：「有異信乃至異忍，得自覺知見生，所謂有滅則寂滅、涅槃者，汝今便是漏盡阿羅漢耶？」

尊者殊勝言：「我說有滅則寂滅、涅槃，而非漏盡阿羅漢也。」

尊者那羅言：「所說不同，前後相違！如尊者所說：『有滅則寂滅、涅槃。』而復言『非漏盡阿羅漢』耶？」

尊者殊勝語尊者那羅言：「今當說譬，夫智者以譬得解。如曠野路邊有井，無繩無罐得取其水。時有行人，熱渴所逼，繞井求覓，無繩無罐，諦觀井水，如實知見，而不觸身。如是，我說有滅則寂滅、涅槃，而自不得漏盡阿羅漢。」

爾時，尊者阿難語尊者那羅言：「彼尊者殊勝所說，汝復云何？」

尊者那羅語尊者阿難言：「尊者殊勝，善說真實，知復何言！」

時，彼正士各各說已，從座起去。

◉三六〇（三六一）

如是我聞：

一時，佛住舍衛國祇樹給孤獨園。

爾時，世尊告諸比丘：「若有思量，有妄想，則有使攀緣識住；有攀緣識住故，入於名色；入名色故，則有往來；有往來故，則有生死；有生死故，則有未來世生、老、病、死、憂、悲、惱苦，如是純大苦聚集。若不思量、無妄想，無使無攀緣識住；無攀緣識住故，不入名色；不入名色故則無往來；無往來故，則無生死；無生死故，於未來世生、老、病、死、憂、悲、惱苦滅，如是純大苦聚滅。」

佛說此經已，諸比丘聞佛所說，歡喜奉行！

◉三六一（三六二）

如是我聞：

一時，佛住舍衛國祇樹給孤獨園。

爾時，世尊告諸比丘：「有多聞比丘，云何如來施設多聞比丘？」諸比丘白佛：「世尊是法根、法眼、法依，唯願為說多聞比丘，諸比丘聞已，當受奉行。」

佛告比丘：「諦聽！善思！當為汝說。諸比丘！若有比丘聞老、病、死，生厭，離欲，滅盡法，是名多聞比丘。如是生、有、取、愛、受、觸、六入處、名色、識、行，生厭、離欲、滅盡法，是名多聞比丘，是名如來所施設多聞比丘。」

佛說此經已，諸比丘聞佛所說，歡喜奉行！

雜阿含經卷第十五

◉三六八（三六九）

如是我聞：

一時，佛住舍衞國祇樹給孤獨園。

爾時，世尊告諸比丘：「昔者毗婆尸佛未成正覺時，住菩提所，不久成佛，詣菩提樹下，敷草爲座，結跏趺坐，端坐正念，一坐七日，於十二緣起逆順觀察，所謂此有故彼有，此起故彼起，緣無明行，乃至緣生有老死，及純大苦聚集；純大苦聚滅。彼毗婆尸佛正坐七日已，從三昧覺，說此偈言：

如此諸法生，梵志勤思禪，永離諸疑惑，知因緣生法。
若知因生苦，知諸受滅盡，知因緣法盡，則知有漏盡。
如此諸法生，梵志勤思禪，永離諸疑惑，知有因生苦。
如此諸法生，梵志勤思禪，永離諸疑惑，知諸受滅盡。
如此諸法生，梵志勤思禪，永離諸疑惑，知因緣法盡。
如此諸法生，梵志勤思禪，永離諸疑惑，知盡諸有漏。
如此諸法生，梵志勤思禪，普照諸世間，如日住虛空。
破壞諸魔軍，覺諸結解脫。

佛說此經已，諸比丘聞佛所說，歡喜奉行！

如是毗婆尸佛、如是尸棄佛、毗濕波浮佛、迦羅迦孫提佛、迦那迦牟尼佛、迦葉佛，亦如是說。

◉三七〇（三七一）

如是我聞：

一時，佛住舍衛國祇樹給孤獨園。

爾時，世尊告諸比丘：「有四食資益衆生，今得住世攝受長養。何等爲四？謂一、麤摶食，二、細觸食，三、意思食，四、識食。

「此四食何因、何集、何生、何觸？謂此諸食，愛因、愛集、愛生、愛觸。此愛何因、何集、何生、何觸？謂愛受因、受集、受生、受觸。此受何因、何集、何生、何觸？謂受觸因、觸集、觸生、觸轉。此觸何因、何集、何生、何觸？謂觸六入處因、六入處集、六入處生、六入處觸。六入處集是觸集，觸集是受集，受集是愛集，愛集是食集，食集故未來世生、老、病、死、憂、悲、惱、苦集，如是純大苦聚集。

「如是六入處滅則觸滅，觸滅則受滅，受滅則愛滅，愛滅則食滅，食滅故於未來世生、老、病、死、憂、悲、惱、苦滅，如是純大苦聚滅。」

佛說此經已，諸比丘聞佛所說，歡喜奉行！

◉三七二（三七三）

如是我聞：

一時，佛住舍衛國祇樹給孤獨園。

爾時，世尊告諸比丘：「有四食資益衆生，令得住世攝受長養。云何爲四？謂一、麤摶食，二、細觸食，三、意思食，四、識食。

「云何比丘觀察摶食？譬如有夫婦二人，唯有一子，愛念將養，欲度曠野嶮道難處，糧食乏盡，飢餓困極，計無濟理，作是議言：『正有一子，極所愛念，若食其肉，可得度難，莫令在此三人俱死。』作是計已，即殺其子，含悲垂淚，强食其肉，得度曠野。云何，比丘！彼人夫婦共食子肉，寧取其味，貪嗜美樂與不？」

答曰：「不也，世尊！」

復問：「比丘！彼强食其肉，爲度曠野嶮道與不？」

答言：「如是，世尊！」

佛告比丘：「凡食摶食，當如是觀！如是觀看，摶食斷知；摶食斷知已，於五欲功德貪愛則斷；五欲功德貪愛斷者，我不見彼多聞聖弟子，於五欲功德上有一結使而不斷者。有一結繫故，則還生此世。

「云何比丘觀察觸食？譬如有牛，生剝其皮，在在處處，諸蟲唼食，沙土坌塵，草木針刺。若依於地，地蟲所食；若依於水，水蟲所食；若依空中，飛蟲所食；臥起常有苦毒此身。如是，比丘！於彼觸食，當如是觀。如是觀者，觸食斷知；觸食斷知者，三受則斷；三受斷者，多聞聖弟子於上無所復作，所作已作故。

「云何比丘觀察意思食？譬如聚落城邑邊有火起，無煙無炎，時有士夫聰明黠慧，背苦向樂，厭死樂生，作如是念：彼有大火，無煙無炎，行來當避，莫令墮中，必死無疑。作是思惟，常生思願，捨遠而去；觀意思食，亦復如是。如是觀者，意思食斷；意思食斷者，三愛則斷；三愛斷者，彼多聞聖弟子於上更無所作，所作已作故。

「諸比丘！云何觀察識食？譬如國王，有防邏者，捉捕劫盜，縛送王所（如前須深經廣說）。以彼因緣，受三百矛苦覺，晝夜苦痛；觀察識食，亦復如是。如是觀者，識食斷知；識食斷知者，名色斷知；名色斷知者，多聞聖弟子於上更無所作，所作已作故。」

佛說此經已，諸比丘聞佛所說，歡喜奉行！

◉三七三（三七四）

如是我聞：

一時，佛住舍衛國祇樹給孤獨園。

爾時，世尊告諸比丘：「有四食資益衆生，令得住世攝受長養。何等爲四？一者摶食，二者觸食，三意思食，四者識食。

「若比丘於此四食有喜有貪，則識住增長；識住增長故，入於名色；入名色故，諸行增長；行增長故，當來有增長；當來有增長故，生、老、病、死、憂、悲、惱苦集，如是純大苦聚集。

「若於四食無貪無喜，無貪無喜故，識不住、不增長；識不住、不增長故，不入名色；不入名色故，行不增長；行不增長故，當來有不生不長；當來有不生長故，於未來世生、老、病、死、憂、悲、惱苦不起，如是純大苦聚滅。」

佛說此經已，諸比丘聞佛所說，歡喜奉行！

◉三七五（三七六）

如是我聞：

一時，佛住舍衛國祇樹給孤獨園。

爾時，世尊告諸比丘：「有四食資益衆生，令得住世攝受長養。何等爲四？一者摶食，二者觸食，三者意思食，四者識食。

「諸比丘！於此四食有貪有喜，識住增長，乃至純大苦聚集。譬如樓閣宮殿，北西長廣，東西牕牖，日出東方，光照西壁。如是，比丘！於此四食有貪有喜，如前廣說，乃至純大苦聚集。

「若於四食無貪無喜，如前廣說，乃至純大苦聚滅。譬如比丘！樓閣宮殿，北西長廣，東西牕牖，日出東方，應照何所？」

比丘白佛言：「應照西壁。」

佛告比丘：「若無西壁，應何所照？」

比丘白佛言：「應照虛空，無所攀緣。」

「如是，比丘！於此四食無貪無喜，識無所住，乃至如是純大苦聚滅。」

佛說此經已，諸比丘聞佛所說，歡喜奉行！

◉三七八（三七九）

如是我聞：

一時，佛住波羅㮈鹿野苑中仙人住處。

爾時，世尊告五比丘：「此苦聖諦，本所未曾聞法，當正思惟，時，生眼、智、明、覺；此苦集，此苦滅，此苦滅道跡聖諦，本所未曾聞法，當正思惟，時，生眼、智、明、覺。

「復次，苦聖諦智當復知，本所未聞法，當正思惟，時，生眼、智、明、覺。苦集聖諦已知當斷，本所未曾聞法，當正思惟，時，生眼、智、明、覺。

「復次，苦集滅，此苦滅聖諦已知當知作證，本所未聞法，當正思惟，時，生眼、智、明、覺。復以此苦滅道跡聖諦已知當修，本所未曾聞法，當正思惟，時，生眼、智、明、覺。

「復次，比丘！此苦聖諦已知，知已出，所未聞法，當正思惟，時，生眼、智、明、覺。復次，此苦集聖諦已知，已斷出，所未聞法，當正思惟，時，生眼、智、明、覺。

「復次，苦滅聖諦已知、已作證出，所未聞法，當正思惟，時，生眼、智、明、覺。復次，苦滅道跡聖諦已知、已修出，所未曾聞法，當正思惟，時，生眼、智、明、覺。

「諸比丘！我於此四聖諦三轉十二行不生眼、智、明、覺者，我終不得於諸天、魔、梵、沙門、婆羅門聞法衆中，為解脫，為出、為離，亦不自證得阿耨多羅三藐三菩提。我已於四聖諦三轉十二行生眼、智、明、覺，故於諸天、魔、梵、沙門、婆羅門聞法衆中，得出、得脫，自證得成阿耨多羅三藐三菩提。」

爾時，世尊說是法時，尊者憍陳如及八萬諸天遠塵離垢，得法眼淨。

爾時，世尊告尊者憍陳如：「知法未？」

憍陳如白佛：「已知，世尊！」

復告尊者憍陳如：「知法未？」

拘鄰白佛：「已知，善逝！」

尊者拘鄰已知法故，是故名阿若拘鄰。

尊者阿若拘鄰知法已，地神舉聲唱言：「諸仁者！世尊於波羅㮈國仙人住處鹿野苑中三轉十二行法輪，諸沙門、婆羅門、諸天、魔、梵所未曾轉，多所饒益，多所安樂，哀愍世間，以義饒益，利安天人，增益諸天衆，減損阿修羅衆。」

地神唱已，聞虛空神天、四天王天、三十三天、炎魔天、兜率陀天、化樂天、他化自在天展轉傳唱，須臾之間，聞于梵身天。梵天乘聲唱言：「諸仁者！世尊於波羅㮈國仙人住處鹿野苑中，三轉十二行法輪，諸沙門、婆羅門、諸天、魔、梵，及世間聞法未所曾轉，多所饒益，多所安樂，以義饒益諸天世人，增益諸天衆，減損阿修羅衆。」世尊於波羅㮈國仙人住處鹿野苑中轉法輪，是故此經名轉法輪經。

佛說此經已，諸比丘聞佛所說，歡喜奉行！

◉三八八（三八九）

如是我聞：

一時，佛住波羅㮈國仙人住處鹿野苑中。

爾時，世尊告諸比丘：「有四法成就，名曰大醫王者，所應王之具、王之分。何等爲四？一者善知病，二者善知病源，三者善知病對治，四者善知治病已，當來更不動發。

「云何名良醫善知病？謂良醫善知如是如是種種病，是名良醫善知病。云何良醫善知病源？謂良醫善知此病因風起、癖陰起、涎唾起、衆冷起、因現事起、時節起，是名良醫善知病源。

「云何良醫善知病對治？謂良醫善知種種病，應塗藥、應吐、應下、應灌鼻、應熏、應取汗，如是比種種對治，是名良醫善知對治。云何良醫善知治病已，於未來世永不動發？謂良醫善治種種病，令究竟除，於未來世永不復起，是名良醫善知治病，更不動發。

「如來、應、等正覺爲大醫王，成就四德，療衆生病，亦復如是。云何爲四？謂如來知此是苦聖諦如實知，此是苦集聖諦如實知，此是苦滅聖諦如實知，此是苦滅道跡聖諦如實知。諸比丘！彼世間良醫，於生根本對治不如實知，老、病、死、憂、悲、惱苦根本對治不如實知。如來、應、等正覺爲大醫王，於生根本知對治如實知，於老、病、死、憂、悲、惱苦根本對治如實知，是故如來、應、等正覺，名大醫王。」

佛說此經已，諸比丘聞佛所說，歡喜奉行！

◉三九五（三九六）

如是我聞：

一時，佛住波羅㮈國仙人住處鹿野苑中。

爾時，世尊告諸比丘：「譬如日出，周行空中，壞諸闇冥，光明顯照。如是聖弟子所有集法，一切滅已，離諸塵垢，得法眼生，與無間等，俱三結斷，所謂身見、戒取、疑，此三結盡，名須陀洹，不墮惡趣法，必定正覺，趣七有天人往生，作苦邊。彼聖弟子中間雖起憂苦，聽彼聖弟子離欲、惡不善法，有覺有觀，離生喜樂，初禪具足住。不見彼聖弟子有一法不斷，能令還生此世者，此則聖弟子得法眼之大義。是故，比丘於此四聖諦未無間等者，當勤方便，起增上欲，精進修學。」

佛說是經已，諸比丘聞佛所說，歡喜奉行！

◉四〇五（四〇六）

如是我聞：

一時，佛住獼猴池側重閣講堂。

爾時，世尊告諸比丘：「譬如大地，悉成大海。有一盲龜，壽無量劫，百年一出其頭。海中有浮木，止有一孔，漂流海浪，隨風東西。盲龜百年一出其頭，當得遇此孔不？」

阿難白佛：「不能，世尊！所以者何？此盲龜若至海東，浮木隨風或至海西，南、北、四維圍遶亦爾，不必相得。」

佛告阿難：「盲龜浮木，雖復差違，或復相得。愚癡凡夫漂流五趣，暫復人身，甚難於彼。所以者何？彼諸衆生不行其義，不行法，不行善，不行真實，展轉殺害，强者陵弱，造無量惡故。是故，比丘！於四聖諦未無間等者，當勤方便，起增上欲，學無間等。」

佛說此經已，諸比丘聞佛所說，歡喜奉行！

雜阿含經卷第十六

◉四三二（四三三）

如是我聞：

一時，佛住王舍城迦蘭陀竹園。

爾時，世尊告諸比丘：「如來、應、等正覺增上說法，謂四聖諦，開示、施設、建立、分別、散說、顯現、表露。何等為四？謂苦聖諦、苦集聖諦、苦滅聖諦、苦滅道跡聖諦。是故，比丘！於四聖諦未無間等者，當勤方便，起增上欲，學無間等。」

佛說此經已，諸比丘聞佛所說，歡喜奉行！

◉四三四（四三五）

如是我聞：

一時，佛住舍衛國祇樹給孤獨園。

時，須達長者往詣佛所，稽首佛足，於一面坐，白佛言：「世尊！此四聖諦爲漸次無間等？爲一頓無間等？」

佛告長者：「此四聖諦漸次無間，非頓無間等。」

佛告長者：「若有說言：『於苦聖諦未無間等，而於彼苦集聖諦、苦滅聖諦、苦滅道跡聖諦無間等』者，此說不應。所以者何？若於苦聖諦未無間等，而欲於苦集聖諦、苦滅聖諦、苦滅道跡聖諦無間等者，無有是處。

「猶如有人，兩細樹葉連合爲器，盛水持行，無有是處。如是於苦聖諦未無間等，而欲於苦集聖諦、苦滅聖諦、苦滅道跡聖諦無間等者，無有是處。

「譬如有人，取蓮華葉連合爲器，盛水遊行，斯有是處。如是，長者！於苦聖諦無間等已，而欲於苦集聖諦、苦滅聖諦、苦滅道跡聖諦無間等者，斯有是處。是故，長者！於四聖諦未無間等者，當勤方便，起增上欲，學無間等。」

佛說此經已，諸比丘聞佛所說，歡喜奉行！

◉四四二（四四三）

如是我聞：

一時，佛住舍衛國祇樹給孤獨園。

爾時，世尊告諸比丘：「我本未聞法時，得正思惟此苦聖諦，正見已生；此苦集聖諦，此苦滅聖諦，苦滅道跡聖諦，正見已生。」

佛說此經已，諸比丘聞佛所說，歡喜奉行！

如已生，如是今生、當生亦如是。

如生，如是起、習、近修、多修、觸、作證如是。

◉四四四（四四五）

如是我聞：

一時，佛住舍衛國祇樹給孤獨園。

爾時，世尊告諸比丘：「眾生常與界俱，與界和合。云何眾生常與界俱？謂眾生行不善心時與不善界俱，善心時與善界俱，勝心時與勝界俱，鄙心時與鄙界俱。是故，諸比丘！當作是學，善種種界。」

佛說是經已，諸比丘聞佛所說，歡喜奉行！

◉四四六（四四七）

如是我聞：

一時，佛住王舍城迦蘭陀竹園。

爾時，世尊告諸比丘：「眾生常與界俱，與界和合。云何與界俱？謂眾生不善心時與不善界俱，善心時與善界俱；鄙心時與鄙界俱，勝心時與勝界俱。

「時尊者憍陳如與眾多比丘，於近處經行，一切皆是上座多聞大德，出家已久，具修梵行。

「復有尊者大迦葉與眾多比丘，於近處經行，一切皆是少欲知足，頭陀苦行，不畜遺餘。

「尊者舍利弗與眾多比丘，於近處經行，一切皆是大智辯才。

「時尊者大目犍連與眾多比丘，於近處經行，一切皆是神通大力。

「時阿那律陀與眾多比丘，於近處經行，一切皆是天眼明徹。

時，尊者二十億耳與眾多比丘，於近處經行，一切皆是勇猛精進，專勤修行者。

「時，尊者陀驃與眾多比丘，於近處經行，一切皆是能爲大眾修供具者。

「時，尊者優波離與衆多比丘，於近處經行，一切皆是通達律行。

「時，尊者富樓那與衆多比丘，於近處經行，皆是辯才善說法者。

「時，尊者迦旃延與衆多比丘，於近處經行，一切皆能分別諸經，善說法相。

「時，尊者阿難於衆多比丘，於近處經行，一切皆是多聞總持。

「時，尊者羅睺羅與衆多比丘，於近處經行，一切皆是善持律行。

「時，提婆達多與衆多比丘，於近處經行，一切皆是習衆惡行。是名比丘常與界俱，與界和合。是故，諸比丘！當善分別種種諸界。」

佛說是經時，諸比丘聞佛所說，歡喜奉行！

◉四五〇（四五一）

如是我聞：

一時，佛住舍衞國祇樹給孤獨園。

爾時，世尊告諸比丘：「我今當說種種諸界。諦聽！善思！當爲汝說。云何爲種種界？謂眼界、色界、眼識界，耳界、聲界、耳識界，鼻界、香界、鼻識界，舌界、味界、舌識界，身界、觸界、身識界，意界、法界、意識界，是名種種界。」

佛說是經已，諸比丘聞佛所說，歡喜奉行！

雜阿含經卷第十七

◉四五五（四五六）

如是我聞：

一時，佛住舍衛國祇樹給孤獨園。

爾時，世尊告諸比丘：「有光界、淨界、無量空入處界、無量識入處界、無所有入處界、非想非非想入處界，有滅界。」

時，有異比丘從座起，整衣服，稽首禮足，合掌白佛言：「世尊！彼光界、淨界、無量空入處界、無量識入處界、無所有入處界、非想非非想入處界、滅界，如此諸界，何因緣可知？」

佛告比丘：「彼光界者，緣闇故可知；淨界緣不淨故可知；無量空入處界者，緣色故可知；無量識入處界者，緣內故可知；無所有入處界者，緣所有故可知；非想非非想入處界者，緣有第一故可知；滅界者，緣有身可知。」

諸比丘白佛言：「世尊！彼光界乃至滅界，以何正受而得？」

佛告比丘：「彼光界、淨界、無量空入處界、無量識入處界、無所有入處界，此諸界於自行正受而得；非想非非想入處界，於第一有正受而得；滅界者，於有身滅正受而得。」

佛說此經已，諸比丘聞佛所說，歡喜奉行！

◉四六三（四六四）

如是我聞：

一時，佛住拘睒彌國瞿師羅園。

爾時，尊者阿難往詣上座（上座名者）所，詣已，恭敬問訊。問訊已，退坐一面，問上座（上座名者）言：「若比丘於空處、樹下、閑房思惟，當以何法專精思惟？」

上座答言：「尊者阿難！於空處、樹下、閑房思惟者，當以二法專精思惟，所謂止、觀。」

尊者阿難復問上座：「修習於止，多修習已，當何所成？修習於觀，多修習已，當何所成？」

上座答言：「尊者阿難！修習於止，終成於觀；修習觀已，亦成於止。謂聖弟子止、觀俱修，得諸解脫界。」

阿難復問上座：「云何諸解脫界？」

上座答言：「尊者阿難！若斷界、無欲界、滅界，是名諸解脫界。」

尊者阿難復問上座：「云何斷界，乃至滅界？」

上座答言：「尊者阿難！斷一切行，是名斷界；斷除愛欲，是無欲界；一切行滅，是名滅界。」

時，尊者阿難聞上座所說，歡喜隨喜，往詣五百比丘所，恭敬問訊，退坐一面，白五百比丘言：「若比丘於空處、樹下、閑房思惟時，當以何法專精思惟？」

時，五百比丘答尊者阿難：「當以二法專精思惟，……乃至滅界。」如上座所說。

時，尊者阿難聞五百比丘所說，歡喜隨喜，往詣佛所，稽首佛足，退坐一面。白佛言：「世尊！若比丘空處、樹下、閑房思惟，當以何法專精思惟？」

佛告阿難：「若比丘空處、樹下、閑房思惟，當以二法專精思惟，……乃至滅界。」如五百比丘所說。

時，尊者阿難白佛言：「奇哉！世尊！大師及諸弟子皆悉同法、同句、同義、同味。我今詣上座（名上座者）問如此義，亦以此義、此句、此味答我，如今世尊所說。我復詣五百比丘所，亦以此義、此句、此味而問，彼五百比丘亦以此義、此句、此味答，如今世尊所說。是故當知：師及弟子一切同法、同義、同句、同味。」

佛告阿難：「汝知彼上座爲何如比丘？」

阿難白佛：「不知，世尊！」

佛告阿難：「上座者是阿羅漢，諸漏已盡，已捨重擔，正智心善解脫，彼五百比丘，亦皆如是。」

佛說是經已，尊者阿難聞佛所說，歡喜奉行！

◉四六四（四六五）

如是我聞：

一時，佛住王舍城迦蘭陀竹園。

爾時，尊者羅睺羅詣世尊所，稽首禮足，退坐一面，白佛言：「世尊！云何知、云何見我此識身及外境界一切相，得無有我、我所見，我慢繫著使？」

佛告羅睺羅：「諦聽！善思！當爲汝說。羅睺羅！若比丘於所有地界，若過去、若未來、若現在，若內、若外，若麁、若細，若好、若醜，若遠、若近，彼一切非我、不異我、不相在如實知。水界、火界、風界、空界、識界，亦復如是。

羅睺羅！比丘如是知、如是見，於我此識身及外境界一切相，無有我、我所見，我慢繫著使。羅睺羅！若比丘於此識身及外境界一切相，無有我、我所見，我慢繫著使，是名斷愛縛諸結，斷諸愛、止慢無間等，究竟苦邊。」

佛說此經已，尊者羅睺羅聞佛所說，歡喜奉行！

◉四七三（四七四）

如是我聞：

一時，佛住王舍城迦蘭陀竹園。

爾時，尊者阿難獨一靜處禪思，念言：世尊說三受——樂受、苦受、不苦不樂受，又復說諸所有受悉皆是苦，此有何義？作是念已，從禪起，詣世尊所，稽首禮足，退住一面，白佛言：「世尊！我獨一靜處禪思，念言：如世尊說三受——樂受、苦受、不苦不樂受，又說一切諸受悉皆是苦，此有何義？」

佛告阿難：「我以一切行無常故，一切行變易法故，說諸所有受悉皆是苦。又復，阿難！我以諸行漸次寂滅故說，以諸行漸次止息故說，一切諸受悉皆是苦。」

阿難白佛言：「云何，世尊！以諸行漸次寂滅故說？」

佛告阿難：「初禪正受時，言語寂滅；第二禪正受時，覺觀寂滅；第三禪正受時，喜心寂滅；第四禪正受時，出入息寂滅；空入處正受時，色想寂滅；識入處正受時，空入處想寂滅；無所有入處正受時，識入處想寂滅；非想非非想入處正受時，無所有入處想寂滅；想受滅正受時，想受寂滅，是名漸次諸行寂滅。」

阿難白佛言：「世尊！云何漸次諸行止息？」

佛告阿難：「初禪正受時，言語止息；二禪正受時，覺觀止息；三禪正受時，喜心止息；四禪正受時，出入息止息；空入處正受時，色想止息；識入處正受時，空入處想止息；無所有入處正受時，識入處想止息；非想非非想入處正受時，無所有入處想止息；想受滅正受時，想受止息：是名漸次諸行止息。」

阿難白佛：「世尊！是名漸次諸行止息。」

佛告阿難：「復有勝止息、奇特止息、上止息、無上止息，如是止息，於餘止息無過上者。」

阿難白佛：「何等爲勝止息、奇特止息、上止息、無上止息，諸餘止息無過上者？」

佛告阿難：「於貪欲心不樂、解脫，恚、癡不樂、解脫，是名勝止息、奇特止息、上止息、無上止息，諸餘止息無過上者。」

佛說此經已，尊者阿難聞佛所說，歡喜奉行！

◉四八二（四八三）

如是我聞：

一時，佛住舍衞國祇樹給孤獨園。

爾時，世尊告諸比丘：「有食念者，有無食念者，有無食無食念者；有食樂者，無食樂者，有無食無食樂者；有食捨者，有無食捨者，有無食無食捨者；有食解脫者，有無食解脫者，有無食無食解脫者。

「云何食念？謂五欲因緣生念。云何無食念？謂比丘離欲、離惡不善法，有覺有觀，離生喜樂，初禪具足住，是名無食念。云何無食無食念？謂比丘有覺有觀息，內淨一心，無覺無觀，定生喜樂，第二禪具足住，是名無食無食念。

「云何有食樂？謂五欲因緣生樂、生喜，是名有食樂。云何無食樂？謂息有覺有觀，內淨一心，無覺無觀，定生喜樂，是名無食樂。云何無食無食樂？謂比丘離喜貪，捨心住正念正知，安樂住彼聖說捨，是名無食無食樂。

「云何有食捨？謂五欲因緣生捨，是名有食捨。云何無食捨？謂彼比丘離喜貪，捨心住正念正知，安樂住彼聖說捨，第三禪具足住，是名無食捨。云何無食無食捨？謂比丘離苦息樂，憂喜先已離，不苦不樂捨，淨念一心，第四禪具足住，是名無食無食捨。

「云何有食解脫？謂色俱行。云何無食解脫？謂無色俱行。云何無食無食解脫？謂彼比丘貪欲不染、解脫，瞋恚、愚癡心不染、解脫，是名無食無食解脫。」

佛說此經已，諸比丘聞佛所說，歡喜奉行！

◉四八四（四八五）

如是我聞：

一時，佛住王舍城迦蘭陀竹園。

爾時，瓶沙王詣尊者優陀夷所，稽首作禮，退坐一面。時，瓶沙王白尊者優陀夷言：「云何世尊所說諸受？」

優陀夷言：「大王！世尊說三受——樂受、苦受、不苦不樂受。」

瓶沙王白尊者優陀夷：「莫作是言：『世尊說三受——樂受、苦受、不苦不樂受。』正應有二受——樂受、苦受；若不苦不樂受，是則寂滅。」如是三說，優陀夷不能爲王立三受，王亦不能立二受，俱共詣佛所，稽首禮足，退住一面。

時，尊者優陀夷以先所說，廣白世尊：「我亦不能立三受，王亦不能立二受，今故共來具問世尊如是之義，定有幾受？」

佛告優陀夷：「我有時說一受，或時說二受，或說三、四、五、六、十八、三十六，乃至百八受，或時說無量受。

「云何我說一受？如說所有受，皆悉是苦，是名我說一受。云何說二受？說身受、心受，是名二受。云何三受？樂受、苦受、不苦不樂受。云何四受？謂欲界繫受、色界繫受、無色界繫受，及不繫受。云何說五受？謂樂根、喜根、苦根、憂根、捨根，是名說五受。云何說六受？謂眼觸生受，耳、鼻、舌、身、意觸生受。云何說十八受？謂隨六喜行、隨六憂行、隨六捨行受，是名說十八受。云何三十六受？依六貪著喜，依六離貪著喜，依六貪著憂，依六離貪著憂，依六貪著捨，依六離貪著捨，是名說三十六受。云何說百八受？謂三十六受，過去三十六、未來三十六、現在三十六，是名說百八受。云何說無量受？如說此受彼受等。比丘！如是無量名說，是名說無量受。

「優陀夷！我如是種種說受如實義，世間不解，故而共諍論，共相違反，終竟不得我法、律中真實之義，以自止息。優陀夷！若於我此所說種種受義，如實解知者，不得諍論，共相違反，起、未起諍能以法、律止令休息。

然，優陀夷！有二受：欲受、離欲受。云何欲受？五欲功德因緣生受，是名欲受。云何離欲受？謂比丘離欲、惡不善法，有覺有觀，離生喜樂，初禪具足住，是名離欲受。

「若有說言：『衆生依此初禪，唯是爲樂非餘』者，此則不然。所以者何？更有勝樂過於此故。何者是？謂比丘離有覺有觀，內淨，定生喜、樂，第二禪具足住，是名勝樂。如是……乃至非想非非想入處，轉轉勝說。

「若有說言：『唯有此處，乃至非想非非想極樂非餘。』亦復不然。所以者何？更有勝樂過於此故。何者是？謂比丘度一切非想非非想入處，想受滅，身作證具足住，是名勝樂過於彼者。

「若有異學出家作是說言：『沙門釋種子唯說想受滅，名爲至樂。』此所不應。所以者何？應當語言：『此非世尊所說受樂數，世尊說受樂數者，如說。』

「優陀夷！有四種樂。何等爲四？謂離欲樂、遠離樂、寂滅樂、菩提樂。」

佛說此經已，尊者優陀夷及瓶沙王聞佛所說，歡喜奉行！

◉四八五（四八六）

如是我聞：

一時，佛住王舍城迦蘭陀竹園。

爾時，世尊告諸比丘：「若於一法，生正厭離、不樂、背捨，得盡諸漏，所謂一切衆生由食而存。復有二法，名及色。復有三法，謂三受。復有四法，謂四食。復有五法，謂五受陰。復有六法，謂六内外入處。復有七法，謂七識住。復有八法，謂世八法。復有九法，謂九衆生居。復有十法，謂十業跡。於此十法，生厭、不樂、背捨，得盡諸漏。」

佛說此經已，諸比丘聞佛所說，歡喜奉行！

雜阿含經卷第十八

◉四九三（四九四）

如是我聞：

一時，佛住王舍城迦蘭陀竹園，尊者舍利弗在耆闍崛山中。

爾時，尊者舍利弗晨朝著衣持鉢，出耆闍崛山，入王舍城乞食。於路邊見一大枯樹，即於樹下敷座具，斂身正坐，語諸比丘：「若有比丘修習禪思，得神通力，心得自在，欲令此枯樹成地，即時爲地。所以者何？謂此枯樹中有地界，是故，比丘得神通力，心作地解，即成地不異。「若有比丘得神通力，自在如意，欲令此樹爲水、火、風、金、銀等物，悉皆成就不異。所以者何？謂此枯樹有水界故。是故，比丘！禪思得神通力，自在如意，欲令枯樹成金，即時成金不異；及餘種種諸物，悉成不異。所以者何？以彼枯樹有種種界故。是故，比丘！禪思得神通力，自在如意，爲種種物悉成不異。比丘當知：比丘禪思神通境界不可思議。是故，比丘！當勤禪思，學諸神通。」

舍利弗說是經已，諸比丘聞其所說，歡喜奉行！

◉四九五（四九六）

如是我聞：

一時，佛住舍衛國祇樹給孤獨園。

爾時，舍利弗告諸比丘：「若諸比丘諍起相言，有犯罪比丘、舉罪比丘。彼若不依正思惟自省察者，當知彼比丘長夜強梁，諍訟轉增，共相違反，結恨彌深，於所起之罪，不能以正法、律止令休息。若比丘有此已起諍訟，若犯罪比丘、若舉罪比丘，俱依正思惟自省察剋責，當知彼比丘不長夜長梁，共相違反，結恨轉增，於所起之罪，能以法、律止令休息。

「云何比丘正思惟自省察？比丘應如是思惟：我不是、不類，不應作罪，令彼見我；若我不為此罪，彼則不見，以彼見我罪，不喜嫌責，故舉之耳。餘比丘聞者，亦當嫌責，是故長夜諍訟，强梁轉增，諍訟相言，於所起之罪，不能以正法、律止令休息，我今自知，如己輸稅，是名比丘於所起罪能自觀察。

「云何舉罪比丘能自省察？舉罪比丘應如是念：彼長老比丘作不類罪，令我見之；若彼不作此不類罪者，我則不見。我見其罪，不喜故舉；餘比丘見，亦當不喜故舉之，長夜諍訟，轉增不息，不能以正法、律止所起罪，令其休息。我從今日，當自去之，如己輸稅。如是舉罪比丘，善能依正思惟，內自觀察。

「是故，諸比丘有罪及舉罪者，當依正思惟而自觀察，不令長夜强梁增長。諸比丘！得不諍訟；所起之諍，能以法、律止令休息。」

尊者舍利弗說是經已，諸比丘聞已，歡喜奉行！

◉四九六（四九七）

如是我聞：

一時，佛住舍衛國祇樹給孤獨園。

爾時，尊者舍利弗詣佛所，稽首佛足，退坐一面，白佛言：「世尊！若舉罪比丘欲舉他罪者，令心安住，幾法得舉他罪？」

佛告舍利弗：「若比丘令心安住，五法得舉他罪。云何為五？實非不實、時不非時、義饒益非非義饒益、柔軟不麁澀、慈心不瞋恚。舍利弗！舉罪比丘具此五法，得舉他罪。」

舍利弗白佛言：「世尊！被舉比丘復以幾法自安其心？」

佛告舍利弗：「被舉比丘當以五法令安其心。念言：彼何處得？為實莫令不實，令時莫令非時，令是義饒益莫令非義饒益，柔軟莫令麁澀，慈心莫令瞋恚。舍利弗！被舉比丘當具此五法，自安其心。」

舍利弗白佛言：「世尊！我見舉他罪者，不實非實、非時非是時、非義饒益非爲義饒益、麁澀不柔軟、瞋恚非慈心。世尊！於不實舉他罪比丘，當以幾法饒益令其改悔？」

佛告舍利弗：「不實舉罪比丘當以五法饒益令其改悔，當語之言：『長老！汝今舉罪，不實非是實，當改悔！不時非是時、非義饒益非是義饒益、麁澀非柔軟、瞋恚非慈心，汝當改悔！』舍利弗！不實舉他罪比丘，當以此五法饒益，令其改悔，亦令當來世比丘不爲不實舉他罪。」

舍利弗白佛言：「世尊！被不實舉罪比丘，復以幾法令不變悔？」

佛告舍利弗：「被不實舉罪比丘，當以五法不自變悔。彼應作是念：彼比丘不實舉罪非是實、非時非是時、非義饒益非是義饒益、麁澀非柔軟、瞋恚非慈心，我真不變悔。被不實舉罪比丘，當以此五法，自安其心，不自變悔。」

舍利弗白佛言：「世尊！有比丘舉罪實非不實、時不非時、義饒益不非義饒益、柔軟非麁澀、慈心非瞋恚，實舉罪比丘當以幾法饒益令不改變？」

佛告舍利弗：「實舉罪比丘，當以五法饒益令不變悔。當作是言：『長老！汝實舉罪非不實、時不非時、義饒益不非義饒益、柔軟非麁澀、慈心非瞋恚。』舍利弗！實舉罪比丘，當以此五法義饒益，令不變悔，亦令來世實舉罪比丘而不變悔。」

舍利弗白佛言：「世尊！被實舉罪比丘，當以幾法饒益，令不變悔？」

佛告舍利弗：「被舉罪比丘，當以五法饒益，令不變悔，當作是言：『彼比丘實舉罪非不實，汝莫變悔；時不非時、義饒益不非義饒益、柔軟非麁澀，慈心非瞋恚，汝莫變悔！』」

舍利弗白佛言：「世尊！我見被實舉罪比丘有瞋恚者。世尊！被實舉罪瞋恚比丘，當以幾法，令於瞋恨而自開覺？」

佛告舍利弗：「被實舉罪瞋恚比丘，當以五法，令自開覺。當語彼言：『長老！彼比丘實舉汝罪，非不實，汝莫瞋恨！乃至慈心非瞋恚，汝莫瞋恨！』舍利弗！被實舉罪瞋恚比丘，當以此五法，令於恚恨而得開覺。」

舍利弗白佛言：「世尊！有實、不實舉我罪者，於彼二人，我當自安其心。若彼實者，我當自知；若不實者，當自開解言：『此則不實，我今自知無此法也。』世尊！我當如是，如世尊所說解材譬經說，教諸沙門：『若有賊來，執汝以鋸解身，汝等於賊起惡念、惡言者，自生障礙。是故，比丘！若以鋸解汝身，汝當於彼勿起惡心變易，及起惡言，自作障礙。於彼人所，當生慈心，無怨、無恨，於四方境界，慈心正受具足住，應當學！』是故，世尊！我當如是，如世尊所說，解身之苦，當自安忍，況復小苦、小謗而不安忍？沙門利、沙門欲，欲斷不善法，欲修善法；於此不善法當斷，善法當修，精勤方便，善自防護，繫念思惟，不放逸行，應當學！」

舍利弗白佛言：「世尊！我若舉他比丘罪，實非不實、時非不時、義饒益非非義饒益，柔軟非麁澀，慈心不瞋恚，然彼被舉比丘有懷瞋恚者。」

佛問舍利弗：「何等像類比丘，聞舉其罪而生瞋恚？」

舍利弗白佛言：「世尊！若彼比丘諂曲幻僞、欺誑不信、無慚無愧，懈怠失念、不定惡慧、慢緩、違於遠離、不敬戒律、不顧沙門、不勤修學、不自省察、爲命出家、不求涅槃，如是等人，聞我舉罪，則生瞋恚。」

佛問舍利弗：「何等像類比丘，聞汝舉罪而不瞋恨？」

舍利弗白佛言：「世尊！若有比丘不諂曲、不幻僞、不欺誑、有信、慚愧、精勤正念、正定智慧、不慢緩、不捨遠離、深敬戒律、顧沙門行、尊崇涅槃、爲法出家、不爲性命，如是比丘，聞我舉罪，歡喜頂受，如飲甘露。譬如剎利、婆羅門女，沐浴清淨，得好妙華，愛樂頂戴，以冠其首。如是，比丘不諂曲、不幻僞、不欺誑、正信、慚愧、精勤、正念、正定智慧、不慢緩、心存遠離、深敬戒律、顧沙門行、勤修自省、爲法出家、志求涅槃，如是比丘，聞我舉罪，歡喜頂受，如飲甘露。」

佛告舍利弗：「若彼比丘諂曲幻僞、欺誑、不信、無慚無愧、懈怠失念、不定惡慧、慢緩、違於遠離、不敬戒律、不顧沙門行、不求涅槃、爲命出家，如是比丘，不應教授，與共言語。所以者何？此等比丘破梵行故。若彼比丘不諂曲、不幻僞、不欺誑、信心、慚愧、精勤正念、正定智慧、不慢緩、心存遠離、深敬戒律、顧沙門行、志崇涅槃、爲法出家，如是比丘，應當教授。所以者何？如是比丘能修梵行，能自建立故。」

佛說此經已，尊者舍利弗聞佛所說，歡喜奉行！

◉五〇一（五〇二）

如是我聞：

一時，佛住王舍城迦蘭陀竹園。爾時，尊者大目犍連在王舍城耆闍崛山中。

爾時，尊者大目犍連告諸比丘：「一時，世尊住王舍城，我住耆闍崛山中。我獨一靜處，作如是念：云何名爲聖住？復作是念：若有比丘不念一切相，無相心正受，身作證具足住，是名聖住。我作是念：我當於此聖住，不念一切相，無相心正受，身作證具足住多住；多住已，取相心生。爾時，世尊知我心念，如力士屈申臂頃，以神通力，於竹園精舍沒，於耆闍崛山中現於我前，語我言：『目揵連！汝當住於聖住，莫生放逸！』我聞世尊教已，即離一切相，無相心正受，身作證具足住。如是至三，世尊亦三來教我：『汝當住於聖住，莫生放逸！』我聞教已，離一切相，無相心正受，身作證具足住。

「諸大德！若正說佛子者，則我身是從佛口生，從法化生，得佛法分。所以者何？我是佛子，從佛口生，從法化生，得佛法分，以少方便，得禪、解脫、三昧、正受。譬如轉輪聖王太子，雖未灌頂，已得王法，不勤方便，能得五欲功德。我亦如是，爲佛之子，不勤方便，得禪、解脫、三昧、正受。於一日中，世尊以神通力三至我所，三教授我，以大人處建立於我。」

尊者大目犍連說此經已，諸比丘聞其所說，歡喜奉行！

雜阿含經卷第二十

◉五五七（五五八）

如是我聞：

一時，佛在俱睒彌國瞿師羅園。爾時，尊者阿難亦住俱睒彌國瞿師羅園。

時，有異比丘得無相心三昧，作是念：我若詣尊者阿難所，問尊者阿難：『若比丘得無相心三昧，不涌、不沒，解脫已住，住已解脫，此無相心三昧何果？世尊說此何功德？」尊者阿難若問我言：「比丘！汝得此無相心三昧耶？」「我未曾有。」實問異答。我當隨逐尊者阿難，脫有餘人問此義者，因而得聞。

彼比丘即隨尊者阿難，經六年中，無有餘人問此義者，即自問尊者阿難：「若比丘問：無相心三昧，不涌、不没，解脫已住，住已解脫，世尊說此是何果、何功德？」

尊者阿難問彼比丘言：「比丘！汝得此三昧？」

彼比丘默然住。尊者阿難語彼比丘言：「若比丘得無相心三昧，不涌、不没，解脫已住，住已解脫，世尊說此是智果、智功德。」

尊者阿難說此法時，異比丘聞其所說，歡喜奉行！

雜阿含經卷第二十一

◉五五八（五五九）

如是我聞：

一時，佛住波羅利弗妬路國。尊者阿難及尊者迦摩，亦在波羅利弗妬路雞林精舍。

時，尊者迦摩詣尊者阿難所，共相問訊，慰勞已，於一面坐，語尊者阿難：「奇哉！尊者阿難！有眼、有色，有耳、有聲，有鼻、有香，有舌、有味，有身、有觸，有意、有法，而有比丘有是等法，能不覺知。云何，尊者阿難，彼比丘爲有想不覺知，爲無想故不覺知？」

尊者阿難語迦摩比丘言：「有想者亦不覺知，況復無想！」

復問尊者阿難：「何等爲有想於有而不覺知？」

尊者阿難語迦摩比丘言：「若比丘離欲、惡不善法，有覺有觀，離生喜樂，初禪具足住，如是有想比丘有法而不覺知；如是第二、第三、第四禪，空入處、識入處、無所有入處具足住，如是有想比丘有法而不覺知。云何無想有法而不覺知？如是比丘一切想不憶念，無想心三昧身作證具足住，是名比丘無想於有法而不覺知。」

尊者迦摩比丘復問尊者阿難：「若比丘無想心三昧，不涌、不没，解脫已住，住已解脫，世尊說此是何果、何功德？」

尊者阿難語迦摩比丘言：「若比丘無想心三昧，不涌、不没，解脫已住，住已解脫，世尊說此是智果、智功德。」

時，二正士共論議已，歡喜隨喜，各從座起去！

◉五六三（五六四）

如是我聞：

一時，佛住舍衛國祇樹給孤獨園，尊者阿難亦在彼住。

時，有異比丘尼於尊者阿難所，起染著心，遣使白尊者阿難：「我身遇病苦，唯願尊者哀愍見看！」

尊者阿難晨朝著衣持鉢，往彼比丘尼所。

彼比丘尼遙見尊者阿難來，露身體，臥床上。尊者阿難遙見彼比丘尼身，即自攝斂諸根，迴身背住。彼比丘尼見尊者阿難攝斂諸根，迴身背住，即自慚愧，起著衣服，敷坐具，出迎尊者阿難，請令就座，稽首禮足，退住一面。

時，尊者阿難為說法言：「姊妹！如此身者，穢食長養、憍慢長養、愛所長養、淫欲長養。姊妹！依穢食者，當斷穢食；依於慢者，當斷憍慢；依於愛者，當斷愛欲。

「姊妹！云何名依於穢食，當斷穢食？謂聖弟子於食計數思惟而食，無著樂想，無憍慢想，無摩拭想，無莊嚴想，爲持身故，爲養活故，治飢渴病故，攝受梵行故，宿諸受令滅，新諸受不生，崇習長養，若力、若樂、若觸，當如是住。譬如商客以酥油膏以膏其車，無染著想，無憍慢想，無摩拭想，無莊嚴想，爲運載故。如病瘡者塗以酥油，無著樂想，無憍慢想，無摩拭想，無莊嚴想，爲瘡愈故。如是，聖弟子計數而食，無染著想，無憍慢想，無摩拭想，無莊嚴想，爲養活故，治飢渴故，攝受梵行故，宿諸受離，新諸受不起，若力、若樂、若無罪觸安隱住。姊妹！是名依食斷食。

「依慢斷慢者，云何依慢斷慢？謂聖弟子聞某尊者、某尊者弟子，盡諸有漏，無漏心解脫、慧解脫，現法自知作證：我生已盡，梵行已立，所作已作，自知不受後有。聞已，作是念：彼聖弟子盡諸有漏，……乃至自知不受後有，我今何故不盡諸有漏！何故不自知不受後有！當於爾時則能斷諸有漏，……乃至自知不受後有。姊妹！是名依慢斷慢。

「姊妹！云何依愛斷愛？謂聖弟子聞某尊者、某尊者弟子，盡諸有漏，……乃至自知不受後有，我等何不盡諸有漏，乃至自知不受後有！彼於爾時，能斷諸有漏，……乃至自知不受後有。姊妹！是名依愛斷愛。姊妹！無所行者，斷截淫欲、和合橋梁。」

尊者阿難說是法時，彼比丘尼遠塵離垢，得法眼淨。彼比丘尼見法、得法、覺法、入法、度狐疑，不由於他，於正法、律，心得無畏。禮尊者阿難足，白尊者阿難：「我今發露悔過，愚癡不善脫，作如是不流類事，今於尊者阿難所，自見過，自知過，發露懺悔，哀愍故！」

尊者阿難語比丘尼：「汝今真實自見罪，自知罪，愚癡不善，汝自知作不類之罪；汝今自知，自見而悔過，於未來世得具足戒；我今受汝悔過，哀愍故，令汝善法增長，終不退減。所以者何？若有自見罪，自知罪，能悔過者，於未來世得具足戒，善法增長，終不退減。」

尊者阿難為彼比丘尼種種說法，示教照喜已，從座起去。

◉五六四（五六五）

如是我聞：

一時，佛在橋池人間遊行，與尊者阿難俱，至婆頭聚落國北身恕林中。

爾時，婆頭聚落諸童子，聞尊者阿難橋池人間遊行，住婆頭聚落國北身恕林中。聞已，相呼聚集，往詣尊者阿難所，稽首禮尊者阿難足，退坐一面。

時，尊者阿難語諸童子言：「虎種！如來、應、等正覺說四種清淨——戒清淨、心清淨、見清淨、解脫清淨。

「云何爲戒淨斷？謂聖弟子住於戒——波羅提木叉，戒增長，威儀具足，於微細罪能生恐怖，受持學戒。戒身不滿者，能令滿足；已滿者，隨順執持，欲精進方便超出，精勤勇猛，堪能諸身心法，常能攝受，是名戒淨斷。

「虎種！云何名爲心淨斷？謂聖弟子離欲、惡不善法，……乃至第四禪具足住，定身未滿者令滿，已滿者隨順執受，欲精進乃至常執受，是名心淨斷。

虎種！云何名爲見淨斷？謂聖弟子聞大師說法，如是如是說法，則如是如是入如實正觀，如是如是得歡喜、得隨喜、得從於佛。

「復次，聖弟子不聞大師說法，然從餘明智尊重梵行者說，聞尊重梵行者如是如是說，則如是如是入如實觀察；如是如是觀察，於彼法得歡喜、隨喜，信於正法。

「復次，聖弟子不聞大師說法，亦復不聞明智尊重梵行者說，隨先所聞受持者重誦習，隨先所聞受持者，如是如是重誦已，如是如是得入彼法，乃至信於正法。

「復次，聖弟子不聞大師說法，不聞明智尊重梵行者說，又復不能先所受持重誦習，然先所聞法爲人廣說；先所聞法，如是如是爲人廣說，如是如是得入於法，正智觀察，乃至信於正法。

「復次，聖弟子不聞大師說法，復不聞明智尊重梵行者說，又復不能先所持重誦習，亦復不以先所聞法爲人廣說，然於先所聞法，獨一靜處，思惟觀察。如是如是思惟觀察，如是如是得入正法，乃至信於正法。如是從他聞，內正思惟，是名未起正見令起，已起正見令增廣；是名未滿戒身令滿，已滿者隨順攝受，欲精進方便，乃至常攝受，是名見淨斷。

「虎種！云何爲解脫清淨斷？謂聖弟子貪心無欲解脫，恚、癡心無欲解脫；如是解脫，未滿者令滿，已滿者隨順攝受，欲精進乃至常攝受，是名解脫淨斷。虎種！」

尊者阿難說是法時，婆頭聚落諸童子，聞尊者阿難所說，歡喜隨喜，作禮而去。

◉五六六（五六七）

如是我聞：

一時，佛住菴羅聚落菴羅林精舍，與衆多上座比丘俱。

時，有質多羅長者詣諸上座比丘所，稽首禮足，退坐一面。時諸上座比丘爲質多羅長者種種說法，示教照喜，示教照喜已，默然住。

時，質多羅長者詣尊者那伽達多比丘所，稽首禮足，退坐一面。尊者那伽達多告質多羅長者：「有無量心三昧、無相心三昧、無所有心三昧、空心三昧。云何，長者！此法爲種種義故種種名？爲一義有種種名？」

質多羅長者問尊者那伽達多：「此諸三昧爲世尊所說？爲尊者自意說耶？」

尊者那伽達多答言：「此世尊所說。」

質多羅長者語尊者那伽達多：「聽我小思惟此義，然後當答。」須臾思惟已，語尊者那伽達多：「有法種種義、種種句、種種味，有法一義種種味。」

復問長者：「云何有法種種義、種種句、種種味？」

長者答言：「無量三昧者，謂聖弟子心與慈俱，無怨、無憎、無恚，寬弘重心，無量修習普緣，一方充滿；如是二方、三方、四方上下，一切世間心與慈俱，無怨、無憎、無恚，寬弘重心，無量修習，充滿諸方，一切世間普緣住，是名無量三昧。云何爲無相三昧？謂聖弟子於一切相不念，無相心三昧，身作證，是名無相心三昧。云何無所有心三昧？謂聖弟子度一切無量識入處，無所有，無所有心住，是名無所有心三昧。云何空三昧？謂聖弟子世間空，世間空如實觀察，常住不變易，非我、非我所，是名空心三昧，是名爲法種種義、種種句、種種味。」

復問長者：「云何法一義種種味？」

答言：「尊者！謂貪有量，若無諍者第一無量。謂貪者是有相，恚、癡者是有相，無諍者是無相。貪者是所有，恚、癡者是所有，無諍者是無所有。復次，無諍者空，於貪空，於恚、癡空，常住不變易空，非我、非我所，是名法一義種種味。」

尊者那伽達多問言：「云何，長者！此義汝先所聞耶？」

答言：「尊者！不聞。」

復告長者：「汝得大利，於甚深佛法，現賢聖慧眼得入。」

質多羅長者聞尊者那伽達多所說，歡喜隨喜，作禮而去！

◉五六七（五六八）

如是我聞：

一時，佛住菴羅聚落菴羅林中，與諸上座比丘俱。

時，有質多羅長者詣諸上座比丘所，禮諸上座已，詣尊者伽摩比丘所，稽首禮足，退坐一面，白尊者伽摩比丘：「所謂行者，云何名行？」

伽摩比丘言：「行者，謂三行——身行、口行、意行。」

復問：「云何身行？云何口行？云何意行？」

答言：「長者！出息、入息名爲身行；有覺、有觀名爲口行；想、思名爲意行。」

復問：「何故出息、入息名爲身行？有覺、有觀名爲口行？想、思名爲意行？」

答：「長者！出息、入息是身法，依於身、屬於身、依身轉，是故出息、入息名為身行。有覺、有觀故則口語，是故有覺、有觀是口行。想、思是意行，依於心、屬於心、依心轉，是故想、思是意行。」

復問：「尊者！覺、觀已，發口語，是覺、觀名為口行。想、思是心數法，依於心，屬於心想轉，是故想、思名為意行。」

復問：「尊者！有幾法？若人捨身時，彼身屍臥地，棄於丘塚間，無心如石木。」

答言：「長者！壽、暖及與識，捨身時俱捨，彼身棄塚間，無心如木石。」

復問：「尊者！若死、若入滅盡正受，有差別不？」

答：「捨於壽暖，諸根悉壞，身命分離，是名為死。滅盡定者，身、口、意行滅，不捨壽命，不離於暖，諸根不壞，身命相屬，此則命終、入滅正受差別之相。」

復問：「尊者！云何入滅正受？」

答言：「長者！入滅正受，不言：『我入滅正受，我當入滅正受。』然先作如是漸息方便，如先方便，向入正受。」

復問：「尊者！入滅正受時，先滅何法？為身行、為口行、為意行耶？」

答言：「長者！入滅正受者，先滅口行，次身行，次意行。」

復問：「尊者！云何為出滅正受？」

答言：「長者！出滅正受者亦不念言：『我今出正受，我當出正受。』然先已作方便心，如其先心而起。」

復問：「尊者！起滅正受者，何法先起？為身行，為口行，為意行耶？」

答言：「長者！從滅正受起者，意行先起，次身行，後口行。」

復問：「尊者！入滅正受者，云何順趣、流注、浚輸？」

答言：「長者！入滅正受者，順趣於離，流注於離，浚輸於離；順趣於出，流注於出，浚輸於出；順趣涅槃，流注涅槃，浚輸涅槃。」

復問：「尊者！住滅正受時，為觸幾觸？」

答言：「長者！觸不動，觸無相，觸無所有。」

復問：「尊者！入滅正受時，爲作幾法？」

答言：「長者！此應先問，何故今問？然當爲汝說。比丘入滅正受者，作於二法，止以觀。」

時，質多羅長者聞尊者伽摩所說，歡喜隨喜，作禮而去。

◉五七三（五七四）

如是我聞：

一時，佛住菴羅聚落菴羅林中，與諸上座比丘俱。

時，有尼犍若提子與五百眷屬詣菴羅林中，欲誘質多羅長者以爲弟子。質多羅長者聞尼犍若提子將五百眷屬來詣菴羅林中，欲誘我爲弟子。聞已，即往詣其所，共相問訊畢，各於一面坐。

時尼犍若提子語質多羅長者言：「汝信沙門瞿曇得無覺無觀三昧耶？」質多羅長者答言：「我不以信故來也。」

阿耆毗迦言：「長者！汝不諂、不幻、質直、質直所生。長者！若能息有覺有觀者，亦能以繩繫縛於風；若能息有覺有觀者，亦可以一把土斷恆水流；我於行、住、坐、臥智見常生。」

質多羅長者問尼犍若提子：「爲信在前耶？爲智在前耶？信之與智，何者爲先？何者爲勝？」

尼犍若提子答言：「信應在前，然後有智。信、智相比，智則爲勝。」

質多羅長者語尼犍若提子：「我已求得息有覺有觀，內淨一心，無覺無觀，三昧生喜樂，第二禪具足住。我晝亦住此三昧，夜亦住此三昧，終夜常住此三昧，有如是智，何用信世尊爲？」

尼犍若提子言：「汝諂曲、幻僞、不直，不直所生。」

質多羅長者言：「汝先言我不諂曲、不幻、質直，質直所生，今云何言諂曲、幻僞、不直、不直所生耶？若汝前實者，後則虛；後實者，前則虛。汝先言：『我於行、住、坐、臥知見常生。』汝於前後，小事不知，云何知過人法，若知、若見，若安樂住事？」長者復問尼犍若提子：「有於一問、一說、一記論，乃至十問、十說、十記論，汝有此不？若無一問、一說、一記論，乃至十問、十說、十記論，云何能誘於我，而來至此菴羅林中欲誘誑我？」

於是尼犍若提子息閉掉頭，反拱而出，不復還顧。

雜阿含經卷第二十三

◉五九一（八七七）

如是我聞：

一時，佛住舍衛國祇樹給孤獨園。

爾時，世尊告諸比丘：「有四正斷，何等爲四？一者斷斷，二者律儀斷，三者隨護斷，四者修斷。云何爲斷斷？謂比丘已起惡不善法斷，生欲、方便、精勤、心攝受，是爲斷斷。云何律儀斷？未起惡不善法不起，生欲、方便、精勤、攝受，是名律儀斷。云何隨護斷？未起善法令起，生欲、方便、精勤、攝受，是名隨護斷。云何修斷？已起善法增益修習，生欲、方便、精勤、攝受，是爲修斷。」

佛說此經已，諸比丘聞佛所說，歡喜奉行！

◉五九三（八七九）

如是我聞：

一時，佛住舍衛國祇樹給孤獨園。

爾時，世尊告諸比丘：「有四正斷，何等爲四？一者斷斷，二者律儀斷，三者隨護斷，四者修斷。

「云何斷斷？若比丘已起惡不善法斷，生欲、方便、精勤、攝受；未起惡不善法不起，生欲、方便、精勤、攝受；未生善法令起，生欲、方便、精勤、攝受；已生善法增益修習，生欲、方便、精勤、攝受，是名斷斷。

「云何律儀斷？若比丘善護眼根，隱密、調伏、進向；如是耳、鼻、舌、身、意根善護、隱密、調伏、進向，是名律儀斷。

「云何隨護斷？若比丘於彼彼真實三昧相善守護持，所謂青瘀相、脹相、膿相、壞相、食不淨相，修習守護，不令退沒，是名隨護斷。

「云何修斷？若比丘修四念處等，是名修斷。」

爾時，世尊即說偈言：

斷斷律儀斷，隨護修習斷，此四種正斷，正覺之所說。
比丘勤方便，得盡於諸漏。

佛說此經已，諸比丘聞佛所說，歡喜奉行！

如四念處，如是四正斷、四如意足、五根、五力、七覺支、八道支、四道、四法句、正觀修習亦如是說。

◉五九九（八八五）

如是我聞：

一時，佛住舍衛國祇樹給孤獨園。

爾時，世尊告諸比丘：「有無學三明，何等爲三？謂無學宿命智證通、無學生死智證通、無學漏盡智證通。

「云何無學宿命智證通？謂聖弟子知種種宿命事，從一生至百千萬億生，乃至劫數成壞，我及衆生宿命所更如是名，如是生、如是姓、如是食、如是受苦樂、如是長壽、如是久住、如是受分齊，我及衆生於此處死、餘處生，於餘處死、此處生，有如是行，如是因，如是信受，受種種宿命事，皆悉了知，是名宿命智證明。

「云何生死智證明？謂聖弟子天眼淨，過於人眼，見諸衆生死時、生時，善色、惡色，上色、下色，向於惡趣，隨業受生如實知；如此衆生，身惡行成就，口惡行成就，意惡行成就，謗聖人，邪見受邪法因緣故，身壞命終，生惡趣泥犁中；此衆生身善行，口善行，意善行，不謗毀聖人，正見成就，身壞命終，生於善趣天人中，是名生死智證明。

「云何漏盡智證明？謂聖弟子此苦如實知，此苦集、此苦滅、此苦滅道跡如實知。彼如是知、如是見，欲有漏心解脫，有有漏心解脫，無明有漏心解脫，解脫知見：我生已盡，梵行已立，所作已作，自知不受後有，是名漏盡智證明。」爾時，世尊即說偈言：

觀察知宿命，見天惡趣生，生死諸漏盡，是則牟尼明。
知心得解脫，一切諸貪愛，三處悉通達，故說爲三明。

佛說是經已，諸比丘聞佛所說，歡喜奉行！

◉六〇一（八八七）

如是我聞：

一時，佛住舍衛國祇樹給孤獨園。

時，有異婆羅門來詣佛所，與世尊面相慰勞，慰勞已，退坐一面，白佛：「瞿曇！我名信。」

婆告婆羅門：「所謂信者，信增上戒、聞、捨、慧，是則爲信，非名字是信也。」

時，婆羅門聞佛所說，歡喜隨喜，從座起而去。

道品誦第四

雜阿含經卷第二十四

◉六二一（六〇七）

如是我聞：

一時，佛住舍衛國祇樹給孤獨園。

爾時，世尊告諸比丘：「有一乘道，淨諸衆生，令越憂悲，滅惱苦，得如實法，所謂四處念。何等爲四？身身觀念處，受、心、法法觀念處。」

佛說此經已，諸比丘聞佛所說，歡喜奉行！

◉六二三（六〇九）

如是我聞：

一時，佛住舍衛國祇樹給孤獨園。

爾時，世尊告諸比丘：「我今當說四念處集、四念處沒。諦聽！善思！何等爲四念處集、四念處沒？食集則身集，食滅則身沒。如是隨身集觀住，隨身滅觀住；隨身集滅觀住，則無所依住，於諸世間永無所取。

「如是觸集則受集，觸滅則受沒，如是隨集法觀受住，隨滅法觀受住；隨集滅法觀受住，則無所依住，於諸世間都無所取。

「名色集則心集，名色滅則心沒，隨集法觀心住，隨滅法觀心住；隨集滅法觀心住，則無所依住，於諸世間則無所取。

「憶念集則法集，憶念滅則法沒，隨集法觀法住，隨滅法觀法住；隨集滅法觀法住，則無所依住，於諸世間則無所取，是名四念處集、四念處沒。」

佛說此經已，諸比丘聞佛所說，歡喜奉行！

◉六二九（六一五）

如是我聞：

一時，佛住舍衛國祇樹給孤獨園。

爾時，尊者阿難晨朝著衣持鉢，入舍衛城乞食，於路中思惟：我今先至比丘尼寺。即往比丘尼寺。

諸比丘尼遙見尊者阿難來，疾敷床座，請令就座。

時，諸比丘尼禮尊者阿難足，退坐一面，白尊者阿難：「我等諸比丘尼修四念處繫心住，自知前後昇降。」

尊者阿難告諸比丘尼：「善哉！善哉！姊妹！當如汝等所說而學。凡修習四念處，善繫心住者，應如是知前後昇降。」

時，尊者阿難爲諸比丘尼種種說法，種種說法已，從座起去。

爾時，尊者阿難於舍衛城中乞食還，舉衣鉢，洗足已，詣世尊所，稽首佛足，退坐一面，以比丘尼所說具白世尊。

佛告阿難：「善哉！善哉！應如是學四念處善繫心住，知前後昇降。所以者何？心於外求，然後制令求其心，散亂心、不解脫皆如實知。若比丘於身身觀念住，於彼身身觀念住已，若身躭睡，心法懈怠，彼比丘當起淨信，取於淨相；起淨信心，憶念淨相已，其心則悅；悅已生喜；其心喜已，身則猗息；身猗息已，則受身樂；受身樂已，其心則定。心定者，聖弟子當作是學：我於此義，外散之心攝令休息，不起覺想及已觀想，無覺無觀，捨念樂住。樂住已，如實知。受、心、法念亦如是說。」

佛說此經已，尊者阿難聞佛所說，歡喜奉行！

◉六三八（六二四）

如是我聞：

一時，佛住舍衛國祇樹給孤獨園。

爾時，尊者欝低迦來詣佛所，稽首佛足，退坐一面，白佛言：「善哉！世尊！爲我說法，我聞法已，當獨一靜處，專精思惟，不放逸住，思惟：所以善男子剃除鬚髮，正信非家，出家學道，如上廣說，乃至不受後有。」

佛告欝低迦：「如是！如是！如汝所說。但於我所說法，不悅我心，彼所事業亦不成就，雖隨我後，而不得利，反生障閡。」

欝低迦白佛：「世尊所說，我則能令世尊心悅，自業成就，不生障閡。唯願世尊爲我說法，我當獨一靜處，專精思惟，不放逸住，如上廣說，乃至不受後有。」如是第二、第三請。

爾時，世尊告欝低迦：「汝當先淨其初業，然後修習梵行。」

欝低伽白佛：「我今云何淨其初業，修習梵行？」

佛告欝低伽：「汝當先淨其戒，直其見，具足三業，然後修四念處。何等爲四？內身身觀念住，專精方便，正智正念，調伏世間貪憂；如是外身、內外身身觀念住；受、心、法法觀念住，亦如是廣說。」

時，欝低伽聞佛所說，歡喜隨喜，從座起而去。

時，欝低伽聞佛教授已，獨一靜處，專精思惟，不放逸住，思惟：所以善男子剃鬚髮，著袈裟衣，正信非家，出家學道，……乃至不受後有。

如欝低迦所問，如是異比丘所問亦如上說。

◉六四一（六二七）

如是我聞：

一時，佛住舍衛國祇樹給孤獨園。

爾時，尊者阿那律陀詣佛所，稽首禮足，退坐一面，白佛言：「世尊！若有比丘住於學地，未得上進安隱涅槃，而方便求，是聖弟子當云何於正法、律修習多修習，得盡諸漏，……乃至自知不受後有？」

佛告阿那律：「若聖弟子住於學地，未得上進安隱涅槃，而方便求，彼於爾時，當內身身觀念住，精勤方便，正智正念，調伏世間貪憂；如是受、心、法法觀念住，精勤方便，正智正念，調伏世間貪憂。如是聖弟子多修習已，得盡諸漏，……乃至自知不受後有。」

爾時，尊者阿那律陀聞佛所說，歡喜隨喜，作禮而去！

◉六五〇（六三六）

如是我聞：

一時，佛住巴連弗邑雞林精舍。

爾時，世尊告諸比丘：「當爲汝說修四念處。何等爲修四念處？若比丘！如來、應、等正覺、明行足、善逝、世間解、無上士、調御丈夫、天人師、佛、世尊，出興於世，演說正法，上語亦善，中語亦善，下語亦善，善義善味，純一滿淨，梵行顯示。若族姓子、族姓女從佛聞法，得淨信心，如是修學：見在家和合欲樂之過，煩惱結縛；樂居空閑，出家學道，不樂在家，處於非家，欲一向清淨，盡其形壽，純一滿淨，鮮白梵行。我當剃除鬚髮，著袈裟衣，正信非家，出家學道。作是思惟已，即便放捨錢財、親屬，剃除鬚髮，著袈裟衣，正信非家，出家學道。正其身行，護口四過，正命清淨，習賢聖戒，守諸根門，護心正念。眼見色時，不取形相；若於眼根住不律儀，世間貪憂、惡不善法常漏於心；而今於眼起正律儀；耳、鼻、舌、身、意起正律儀，亦復如是。

「彼以賢聖戒律成就，善攝根門，來往周旋，顧視屈伸，坐臥眠覺語默，住智正智。彼成就如此聖戒，守護根門，正智正念，寂靜遠離，空處、樹下、閑房獨坐，正身正念，繫心安住，斷世貪憂，離貪欲，淨除貪欲；斷世瞋恚、睡眠、掉悔、疑蓋，離瞋恚、睡眠、掉悔、疑蓋，淨除瞋恚、睡眠、掉悔、疑蓋。斷除五蓋惱，心慧力羸，諸障閡分，不趣涅槃者。是故，內身身觀念住，精勤方便，正智正念，調伏世間貪憂；如是外身、內外身，受、心、法法觀念住，亦如是說，是名比丘修四念處。」

佛說此經已，諸比丘聞佛所說，歡喜奉行！

◉六五二（六三八）

如是我聞：

一時，佛在王舍城迦蘭陀竹園。

爾時，尊者舍利弗住摩竭提那羅聚落，疾病涅槃，純陀沙彌瞻視供養。

爾時，尊者舍利弗因病涅槃。

時，純陀沙彌供養尊者舍利弗已，取餘舍利，擔持衣鉢，到王舍城。舉衣鉢，洗足已，詣尊者阿難所。禮尊者阿難足已，卻住一面，白尊者阿難：「尊者當知：我和上尊者舍利弗已涅槃，我持舍利及衣鉢來。」

於是尊者阿難聞純陀沙彌語已，往詣佛所，白佛言：「世尊！我今舉體離解，四方易韻，持辯閉塞，純陀沙彌來語我言：『和上舍利弗已涅槃，持餘舍利及衣鉢來。」

佛言：「云何，阿難！彼舍利弗持所受戒身涅槃耶？定身、慧身、解脫身、解脫知見身涅槃耶？」

阿難白佛言：「不也，世尊！」

佛告阿難：「若法我自知，成等正覺所說，謂四念處、四正斷、四如意足、五根、五力、七覺支、八道支涅槃耶？」

阿難白佛：「不也，世尊！雖不持所受戒身，乃至道品法而涅槃，然尊者舍利弗持戒多聞，少欲知足，常行遠離，精勤方便，攝念安住，一心正受捷疾智慧、深利智慧、超出智慧、分別智慧、大智慧、廣智慧、甚深智慧、無等智慧、智寶成就，能視、能教、能照、能喜捨、能讚歎，為眾說法。是故，世尊！我為法故，為受法者故，愁憂苦惱！」

佛告阿難：「汝莫愁憂苦惱。所以者何？若生、若起、若作，有為敗壞之法，何得不壞？欲令不壞者，無有是處！我先已說：一切所愛念種種諸物、適意之事，一切皆是乖離之法，不可常保。譬如大樹，根、莖、枝、葉、華、果茂盛，大枝先折；如大寶山，大巖先崩。如是，如來大眾眷屬，其大聲聞先般涅槃，若彼方有舍利弗住者，於彼方我則無事；然其彼方，我則不空，以有舍利弗故，我先已說故。汝今，阿難！如我先說，所可愛念種種適意之事，皆是別離之法，是故汝今莫大愁毒。阿難！當知：如來不久亦當過去，是故，阿難！當作自洲而自依，當作法洲而法依，當作不異洲、不異依。」

阿難白佛：「世尊！云何自洲以自依？云何法洲以法依？云何不異洲、不異依？」

佛告阿難：「若比丘身身觀念處，精勤方便，正智正念，調伏世間貪憂；如是外身、內外身、受、心、法法觀念處，亦如是說。阿難！是名自洲以自依，法洲以法依，不異洲不異依。」

佛說此經已，諸比丘聞佛所說，歡喜奉行！

雜阿含經卷第二十六

◉六五九（六四七）

如是我聞：

一時，佛住舍衞國祇樹給孤獨園。

爾時，世尊告諸比丘：「有五根，何等爲五？謂信根、精進根、念根、定根、慧根。

「何等爲信根？若比丘於如來所起淨信心，根本堅固，餘沙門、婆羅門、諸天、魔、梵，及餘世間，無能沮壞其心者，是名信根。

「何等爲精進根？已生惡不善法令斷，生欲、方便、攝心、增進；未生惡不善法不起，生欲、方便、攝心、增進；未生善法令起，生欲、方便、攝心、增進；已生善法住不忘，修習增廣，生欲、方便、攝心、增進，是名精進根。

「何等爲念根？若比丘内身身觀住，慇懃方便，正念正智，調伏世間貪憂，外身、内外身，受、心、法法觀念住亦如是說，是名念根。

「何等爲定根？若比丘離欲惡不善法，有覺有觀，離生喜樂，……乃至第四禪具足住，是名定根。

「何等爲慧根？若比丘苦聖諦如實知，苦集聖諦、苦滅聖諦、苦滅道跡聖諦如實知，是名慧根。」

佛說此經已，諸比丘聞佛所說，歡喜奉行！

◉六六二（六五〇）

如是我聞：

一時，佛住舍衛國祇樹給孤獨園。

爾時，世尊告諸比丘，如上說，差別者：「諸比丘！若我於此信根、信根集、信根滅、信根滅道跡不如實知者，我終不得於諸天、魔、梵、沙門、婆羅門中，爲出爲離，心離顛倒，亦不得成阿耨多羅三藐三菩提。如信根，精進根、念根、定根、慧根亦如說是。

「諸比丘！我於此信根正智如實觀察故，信根集、信根滅、信根滅道跡正智如實觀察故，我於諸天、魔、梵、沙門、婆羅門衆中，爲出爲離，心離顛倒，成阿耨多羅三藐三菩提。如信根，精進、念、定、慧根，亦如是說。」

佛說此經已，諸比丘聞佛所說，歡喜奉行！

◉六六六（六五四）

如是我聞：

一時，佛住舍衛國祇樹給孤獨園。

爾時，世尊告諸比丘：「有五根，何等為五？謂信根、精進根、念根、定根、慧根。此五根，一切皆為慧根所攝受。譬如堂閣眾材，棟為其首，皆依於棟，以攝持故。如是五根，慧為其首，以攝持故。」

佛說此經已，諸比丘聞佛所說，歡喜奉行！

◉六七三（六六一）

如是我聞：

一時，佛住舍衛國祇樹給孤獨園。

爾時，世尊告諸比丘：「有二種力，何等為二？謂數力及修力。何等為數力？謂聖弟子坐閑林中樹下，作如是思惟：身惡行現法，後世受於惡報，我若行身惡行者，我當自悔，教他亦悔，我大師亦當悔，我大德梵行亦當悔，我以法責我惡名流布，身壞命終，當生惡趣泥犁中。如是現法後報，身惡行斷，修身善行。如身惡行，口、意惡行亦如是說，是名數力。何等爲修力？若比丘學於數力，聖弟子數力成就已，隨得修力；得修力已，修力滿足。」

佛說此經已，諸比丘聞佛所說，歡喜奉行！

◉六七八（六六六）

如是我聞：

一時，佛住舍衞國祇樹給孤獨園。

爾時，世尊告諸比丘：「有三力：信力、念力、慧力。何等爲信力？謂聖弟子於如來所入於淨信，根本堅固，諸天、魔、梵、沙門、婆羅門，及諸同法所不能壞，是名信力。何等爲精進力？謂修四正斷。何等爲慧力？謂四聖諦。」

佛說此經已，諸比丘聞佛所說，歡喜奉行！

◉六七九（六六七）

如是我聞：

一時，佛住舍衛國祇樹給孤獨園。

爾時，世尊告諸比丘：「有四力：何等為四力？謂信力、精進力、念力、慧力。復次四力：信力、精進力、念力、慧力。復次四力；覺力、精進力、無罪力、攝力。」

此諸經如上三力說，差別者：「何等為覺力？於善、不善法如實知；有罪、無罪，習近、不習近，卑法、勝法，黑法、白法，有分別法、無分別法，緣起法、非緣起法如實知，是名覺力。何等為精進力？謂四正斷，如前廣說。何等為無罪力？謂無罪身、口、意，是名無罪力。何等為攝力？謂四攝事——惠施、愛語、行利、同利。」

佛說此經已，諸比丘聞佛所說，歡喜奉行！

◉六八〇（六六八）

如是我聞：

一時，佛住舍衛國祇樹給孤獨園。

爾時，世尊告諸比丘，如上說，差別者：「若最勝施者，謂法施。最勝愛語者，謂善男子樂聞，應時說法。行利最勝者，謂不信者能令入信，建立於信；立戒者以淨戒；慳者以施；惡智者以正智令入建立。同利最勝者，謂阿羅漢以阿羅漢，阿那含以阿那含，斯陀含以斯陀含，須陀洹以須陀洹，淨戒者以淨戒而授於彼。」

佛說此經已，諸比丘聞佛所說，歡喜奉行！

◉六八一（六六九）

如是我聞：

一時，佛住舍衛國祇樹給孤獨園。

爾時，世尊告諸比丘，如上說，差別者：「若所有法，是衆之所取，一切皆是四攝事。或有一取施者，或一取愛語者，或一取行利者，或一取同利者。過去世時，過去世衆，以有所取者，亦是四攝事；未來世衆，當有所取者，亦是四攝事。或一取施者，或一取愛語，或一取行利者，或一取同利。」

爾時，世尊即說偈言：

布施及愛語，或有行利者，同利諸行生，各隨其所應；
以此攝世間，猶車因釘運。世無四攝事，母恩子養忘，
亦無父等尊，謙下之奉事。以有四攝事，隨順之法故，
是故有大士，德被於世間！

佛說此經已，諸比丘聞佛所說，歡喜奉行！

◉六九一（六七九）

如是我聞：

一時，佛住舍衛國祇樹給孤獨園。

爾時，世尊告諸比丘，如上說，差別者：「何等信力是學力？於如來所，善入於信，根本堅固，諸天、魔、梵、沙門、婆羅門及餘同法所不能壞。

「何等爲精進力是學力？謂四正斷，如前廣說。

「何等爲慚力是學力？謂羞恥，恥於起惡不善法諸煩惱數，受諸有熾然苦報，於未來世生、老、病、死、憂、悲、惱苦，是名慚力是學力。

「何等爲愧力是學力？謂諸可愧事而愧，愧起諸惡不善法煩惱數，受諸有熾然苦報，於未來世生、老、病、死、憂、悲、苦惱，是名愧力是學力。

「何等爲慧力是學力？謂聖弟子住於智慧，成就世間生滅智慧，賢聖出厭離，決定正盡苦，是名慧力是學力。」

佛說此經已，諸比丘聞佛所說，歡喜奉行！

◉六九六（六八四）

如是我聞：

一時，佛住舍衛國祇樹給孤獨園。

爾時，世尊告諸比丘：「若比丘於色生厭、離欲、滅盡、不起、解脫，是名阿羅訶三藐三佛陀；受、想、行、識，亦如是說。若復比丘於色生厭、離欲、不起、解脫者，是名阿羅漢慧解脫；受、想、行、識，亦如是說。諸比丘！如來、應、等正覺，阿羅漢慧解脫，有何種種別異？」

諸比丘白佛：「世尊是法根、法眼、法依，唯願爲說，諸比丘聞已，當受奉行！」

佛告比丘：「諦聽！善思！當爲汝說。如來、應、等正覺者，先未聞法，能自覺知，現法自知，得三菩提，於未來世能說正法，覺諸聲聞，所謂四念處、四正斷、四如意足、五根、五力、七覺分、八聖道分，是名如來、應、等正覺。

「所未得法能得，未制梵行能制，能善知道、善說道，爲衆將導，然後聲聞成就隨法隨道，樂奉大師教誡、教授，善於正法，是名如來、應、等正覺，阿羅漢慧解脫，種種別異。

「復次，五學力、如來十力。何等爲學力？謂信力、精進力、念力、定力、慧力。何等爲如來十力？謂如來處非處如實知，是名如來初力。若成就此力者，如來、應、等正覺得先佛最勝處智，轉於梵輪，於大衆中能師子吼而吼。

「復次，如來於過去、未來、現在業法，受因事報如實知，是名第二如來力。如來、應、等正覺成就此力，得先佛最勝處智，能轉梵輪，於大衆中作師子吼而吼。

「復次，如來、應、等正覺禪解脫，三昧正受，染惡清淨，處淨如實知，是名如來第三力。若此力成就，如來、應、等正覺得先佛最勝處智，能轉梵輪，於大眾中師子吼而吼。

「復次，如來知眾生種種諸根差別如實知，是名如來第四力。若成就此力，如來、應、等正覺得先佛最勝處智，能轉梵輪，於大眾中師子吼而吼。

「復次，如來悉知眾生種種意解如實知，是名第五如來力。若此力成就，如來、應、等正覺得先佛最勝處智，能轉梵輪，於大眾中師子吼而吼。

「復次，如來悉知世間眾生種種諸界如實知，是名第六如來力。若於此力成就，如來、應、等正覺得先佛最勝處智，能轉梵輪，於大眾中師子吼而吼。

「復次，如來於一切至處道如實知，是名第七如來力。若此力成就，如來、應、等正覺得先佛最勝處智，能轉梵輪，於大眾中師子吼而吼。

「復次，如來於過去宿命種種事憶念，從一生至百千生，從一劫至百千劫：我爾時於彼生如是族，如是姓，如是名，如是食，如是苦樂覺，如是長壽，如是久住，如是壽分齊，我於彼處死此處生，此處死彼處生，如是行、如是因、如是方，宿命所更悉如實知，是名第八如來力。若此力成就，如來、應、等正覺得先佛最勝處智，能轉梵輪，於大衆中師子吼而吼。

「復次，如來以天眼淨過於人眼，見衆生死時、生時，妙色、惡色、下色、上色，向於惡趣、向於善趣、隨業法受悉如實知；此衆生身惡業成就，口、意惡業成就，謗毀賢聖，受邪見業，以是因緣，身壞命終墮惡趣，生地獄中。此衆生身善行，口、意善行，不謗賢聖，正見業法受，彼因彼緣，身壞命終，生善趣天上悉如實知，是名第九如來力。若此力成就，如來、應、等正覺得先佛最勝處智，能轉梵輪，於大衆中師子吼而吼。

「復次，如來諸漏已盡，無漏心解脫、慧解脫，現法自知身作證：我生已盡，梵行已立，所作已作，自知不受後有，是名第十如來力。若此力成就，如來、應、等正覺得先佛最勝處智，能轉梵輪，於大衆中師子吼而吼。如此十力，唯如來成就，是名如來與聲聞種種差別。」

佛說此經已，諸比丘聞佛所說，歡喜奉行！

◉七一五（七〇三）

如是我聞：

一時，佛住舍衛國祇樹給孤獨園。

爾時，世尊告諸比丘：「若所有法，彼彼意解作證，悉皆如來無畏智所生。若比丘來爲我聲聞，不諂不僞，質直心生，我則教誡、教授，爲其說法。晨朝爲彼教誡、教授說法，至日中時得勝進處；若日暮時爲彼教誡、教授說法，至晨朝時得勝進處。如是教授已，彼生正直心，實則知實，不實知不實，上則知上，無上則知無上；當知、當見、當得、當覺者，皆悉了知，斯有是處！

「謂五學力、十種如來力。何等爲五學力？謂信力、精進力、念力、定力、慧力。如來十種力，何等爲十？謂是處如實知非處，如上十力廣說。若有來問處非處智力者，如如來處非處智等正覺所知所見所覺，為彼記說。乃至漏盡智力，亦如是說。諸比丘！處非處智力者，我說是定非不定；……乃至漏盡智者，我說是定非不定，定者正道，非定者邪道。」

佛說此經已，諸比丘聞佛所說，歡喜奉行！

◉七二二（七一〇）

如是我聞：

一時，佛住舍衛國祇樹給孤獨園。

爾時，世尊告諸比丘：「聖弟子清淨信心，專精聽法者，能斷五法，修習七法，令其滿足。何等為五？謂貪欲蓋，瞋恚、睡眠、掉悔、疑，此蓋則斷。何等七法？謂念覺支，擇法、精進、猗、喜、定、捨覺支。此七法修習滿足淨信者，謂心解脫，智者謂慧解脫。貪欲染心者，不得、不樂；無明染心者，慧不清淨。是故，比丘！離貪欲者，心解脫；離無明者，慧解脫。若彼比丘離貪欲，心解脫，得身作證；離無明，慧解脫，是名比丘斷愛縛、結、慢無間等，究竟苦邊。」

佛說此經已，諸比丘聞佛所說，歡喜奉行！

◉七二三（七一一）

如是我聞：

一時，佛住王舍城耆闍崛山中。

時，有無畏王子，日日步涉，仿佯遊行，來詣佛所，與世尊面相問訊慰勞已，退坐一面，白佛言：「世尊！有沙門、婆羅門作如是見，作如是說：『無因、無緣衆生煩惱，無因、無緣衆生清淨。』世尊復云何？」

佛告無畏：「沙門、婆羅門為其說，不思而說，愚癡、不辨、不善，非知思，不知量，作如是說：『無因、無緣衆生煩惱，無因無緣衆生清淨。』所以者何？有因、有緣衆生煩惱，有因、有緣衆生清淨故。何因、何緣衆生煩惱？何因、何緣衆生清淨？謂衆生貪欲增上，於他財務、他衆具而起貪：『言此物於我有者，好、不離、愛樂。』於他衆生而起恨心、兇心，計挍、欲打、欲縛、欲伏，加諸不道。爲造衆難，不捨瞋恚，身睡眠、心懈怠、心掉動，內不寂靜，心常疑惑，過去疑、未來疑、現在疑。無畏！如是因、如是緣衆生煩惱；如是因、如是緣衆生清淨。」

無畏白佛：「瞿曇！一分之蓋，足煩惱心，況復一切！」

無畏白佛：「瞿曇！何因、何緣衆生清淨？」

佛告無畏：「若婆羅門有一勝念，決定成就，久時所作，久時所說，能隨憶念，當於爾時習念覺支；修念覺已，念覺滿足。念覺滿足已，則於選擇分別思惟，爾時擇法覺支修習；修擇法覺支已，擇法覺支滿足。彼選擇分別思量法已，則精進方便，精進覺支於此修習；修精進覺支已，精進覺支滿足。彼精進方便已，則歡喜生，離諸食想，修喜覺支；修喜覺支已，則喜覺支滿足。喜覺支滿足已，身心猗息，則修猗覺支；修猗覺支已，猗覺滿足。身猗息已，則愛樂，愛樂已心定，則修定覺支；修定覺支已，定覺滿足。定覺滿足已，貪憂滅，則捨心生，修捨覺支；修捨覺支已，捨覺支滿足。如是，無畏！此因、此緣衆生清淨。」

無畏白瞿曇：「若一分滿足，令衆生清淨，況復一切？」

無畏白佛：「瞿曇！當何名此經？云何奉持？」

佛告無畏王子：「當名此爲覺支經。」

無畏白佛：「瞿曇！此爲最勝覺分。瞿曇！我是王子，安樂亦常求安樂，而希出入，今來上山，四體疲極，得聞瞿曇説覺支經，悉忘疲勞。」

佛説此經已，王子無畏聞佛所説，歡喜隨喜，從座起，稽首禮佛足而去。

雜阿含經卷第二十七

◉七二五（七一三）

如是我聞：

一時，佛住舍衛國祇樹給孤獨園。

時，有衆多比丘，晨朝著衣持鉢，入舍衛城乞食。時，衆多比丘作是念：今日太早，乞食時未至，我等且過諸外道精舍。

衆多比丘即入外道精舍，與諸外道共相問訊慰勞，問訊慰勞已，於一面坐已，諸外道問比丘言：「沙門瞿曇為諸弟子說法，斷五蓋覆心，慧力羸，為障礙分，不轉趣涅槃，住四念處，修七覺意。我等亦為諸弟子說斷五蓋覆心，慧力羸；善住四念處，修七覺分。我等與彼沙門瞿曇有何等異？俱能說法。」

時，眾多比丘聞外道所說，心不喜悅，反呵罵，從座起去。入舍衛城，乞食已，還精舍，舉衣鉢，洗足已，往詣佛所，稽首佛足，退坐一面，以諸外道所說，具白世尊。

爾時，世尊告眾多比丘：「彼外道說是話時，汝等應反問言：『諸外道，五蓋者，種應有十；七覺者，種應有十四。何等為五蓋之十、七覺之十四？』如是問者，彼諸外道則自駭散，說諸外道法，瞋恚、憍慢、毀呰、嫌恨、不忍心生，或默然低頭，失辯潛思：所以者何？我不見諸天、魔、梵、沙門、婆羅門、天、人眾中，聞我所說歡喜隨順者，唯除如來及聲聞眾於此聞者。

「諸比丘！何等為五蓋之十？謂有內貪欲，有外貪欲。彼內貪欲者即是蓋，非智非等覺，不轉趣涅槃。彼外貪欲即是蓋，非智非等覺，不轉趣涅槃。謂瞋恚有瞋恚相，若瞋恚及瞋恚相即是蓋，非智非等覺，不轉趣涅槃。有睡有眠，彼睡彼眠即是蓋，非智非等覺，不轉趣涅槃。有掉有悔，彼掉彼悔即是蓋，非智非等覺，不轉趣涅槃。有疑善法，有疑不善法，彼善法疑、不善法疑即是蓋，非智非等覺，不轉趣涅槃，是名五蓋說十。

「何等爲七覺分說十四？有內法心念住，有外法心念住。彼內法念住即是念覺分，是智是等覺，能轉趣涅槃。彼外法念住即是念覺分，是智是等覺，能轉趣涅槃。

「有擇善法，擇不善法。彼善法擇，即是擇法覺分，是智是等覺，能轉趣涅槃；彼不善法擇，即是擇法覺分，是智是等覺，能轉趣涅槃。

「有精進斷不善法，有精進長養善法。彼斷不善法精進，即是精進覺分，是智是等覺，能轉趣涅槃。彼長養善法精進，即是精進覺分，是智是等覺，能轉趣涅槃。

「有喜，有喜處。彼喜即是喜覺分，是智是等覺，能轉趣涅槃。彼喜處亦即是喜覺分，是智是等覺，能轉趣涅槃。

「有身猗息，有心猗息。彼身猗息，即是猗覺分，是智是等覺，能轉趣涅槃。彼心猗息，即是猗覺分，是智是等覺，能轉趣涅槃。

「有定，有定相。彼定即是定覺分，是智是等覺，能轉趣涅槃。彼定相即是定覺分，是智是等覺，能轉趣涅槃。

「有捨善法，有捨不善法。彼善法捨，即是捨覺分，是智是等覺，能轉趣涅槃。彼不善法捨，即是捨覺分，是智是等覺，能轉趣涅槃。是名七覺分說為十四。」

佛說此經已，衆多比丘聞佛所說，歡喜奉行！

◉七二六（七一四）

如是我聞：

一時，佛住舍衛國祇樹給孤獨園。

時，有衆多比丘，如上說，差別者：「有諸外道出家作如是說者，當復問言：『若心微劣猶豫者，爾時應修何等覺分？何等為非修時？若復掉心者、掉心猶豫者，爾時復修何等覺分？何等為非時？』如是問者，彼諸外道心則駭散，說諸異法，心生忿恚，憍慢、毀呰、嫌恨、不忍，或默然低頭，失辯潛思。所以何者？我不見諸天、魔、梵、沙門、婆羅門、天、人眾中，聞我所說歡喜隨喜者，唯除如來及聲聞眾於此聞者。

「諸比丘！若爾時其心微劣，其心猶豫者，不應修猗覺分、定覺分、捨覺分。所以者何？微劣心生，微劣猶豫，以此諸法增其微劣故。譬如小火，欲令其燃，增以焦炭，云何，比丘！非為增炭令火滅耶？」

比丘白佛：「如是，世尊！」

「如是，比丘！微劣猶豫，若修猗覺分、定覺分、捨覺分者，此則非時，增懈怠故。若掉心起，若掉心猶豫，爾時不應修擇法覺分、精進覺分、喜覺分。所以者何？掉心起，掉心猶豫，以此諸法能令其增。譬如熾火，欲令其滅，足其薪乾，於意云何？豈不令火增熾燃耶？」

比丘白佛：「如是，世尊！」

佛告比丘：「如是掉心生，掉心猶豫，修擇法覺分、精進覺分、喜覺分，增其掉心。諸比丘！若微劣心生，微劣猶豫，是時應修擇法覺分、精進覺分、喜覺分。所以者何？微劣心生，微劣猶豫，以此諸法示教照喜。譬如小火，欲令其燃，足其乾薪，云何，比丘！此火寧熾燒不？」

比丘白佛：「如是，世尊！」

佛告比丘：「如是微劣心生、微劣猶豫，當於爾時修擇法覺分、精進覺分、喜覺分，示教照喜。若掉心生、掉心猶豫，修猗覺分、定覺分、捨覺分。所以者何？掉心生，掉心猶豫，此等諸法，能令內住一心攝持。譬如燃火，欲令其滅，足其焦炭，彼火則滅。如是，比丘！掉心猶豫，修擇法覺分、精進覺分、喜覺分，則非時；修猗覺分、定覺分、捨覺分，自此則是時。此等諸法，內住一心，攝持念覺分者，一切兼助。」

佛說此經已，諸比丘聞佛所說，歡喜奉行！

◉七二九（七一五）

如是我聞：

一時，佛住舍衛國祇樹給孤獨園。

爾時，世尊告諸比丘：「有五蓋、七覺分，有食、無食，我今當說。諦聽！善思！當爲汝說。譬如身依食而立，非不食；如是五蓋依於食而立，非不食。貪欲蓋以何爲食？謂觸相，於彼不正思惟，未起貪欲令起，已起貪欲能令增廣，是名欲愛蓋之食。

「何等爲瞋恚蓋食？謂障礙相，於彼不正思惟，未起瞋恚蓋令起，已起瞋恚蓋能令增廣，是名瞋恚蓋食。

「何等爲睡眠蓋食？有五法。何等爲五？微弱、不樂、欠呿、多食、懈怠，於彼不正思惟，未起睡眠蓋令起，已起睡眠蓋能令增廣，是名睡眠蓋食。

「何等爲掉悔蓋食？有四法。何等爲四？謂親屬覺、人衆覺、天覺、本所經娛樂覺。自憶念、他人令憶念而生覺，於彼起不正思惟，未起掉悔令起，已起掉悔令其增廣，是名掉悔蓋食。

「何等爲疑蓋食？有三世。何等爲三？謂過去世、未來世、現在世。於過去世猶豫、未來世猶豫、現在世猶豫，於彼起不正思惟，未起疑蓋令起，已起疑蓋能令增廣，是名疑蓋食。

「譬如身依於食而得長養，非不食；如是七覺分依食而住，依食長養，非不食。

「何等爲念覺分不食？爲四念處不思惟，未起念覺分不起，已起念覺分令退，是名念覺分不食。

「何等爲擇法覺分不食？謂於善法選擇，於不善法選擇，於彼不思惟，未起擇法覺分令不起，已起擇法覺分令退，是名擇法覺分不食。

「何等爲精進覺分不食？謂四正斷，於彼不思惟，未起精進覺分令不起，已起精進覺分令退，是名精進覺分不食。

「何等爲喜覺分不食？有喜、有喜處法，於彼不思惟，未起喜覺分不起，已起喜覺分令退，是名喜覺分不食。

「何等爲猗覺分不食？有身猗息及心猗息，於彼不思惟，未生猗覺分不起，已生猗覺分令退，是名猗覺分不食。

「何等爲定覺分不食？有四禪，於彼不思惟，未起定覺分不起，已起定覺分令退，是名定覺分不食。

「何等爲捨覺分不食？有三界，謂斷界、無欲界、滅界，於彼不思惟，未起捨覺分不起，已起捨覺分令退，是名捨覺分不食。

「何等爲貪欲蓋不食？謂不淨觀，於彼思惟，未起貪欲蓋不起，已起貪欲蓋令斷，是名貪欲蓋不食。

「何等爲瞋恚蓋不食？彼慈心思惟，未生瞋恚蓋不起，起生瞋恚蓋令滅，是名瞋恚蓋不食。

「何等爲睡眠蓋不食？彼明照思惟，未生睡眠蓋不起，已生睡眠蓋令滅，是名睡眠蓋不食。

「何等爲掉悔蓋不食？彼寂止思惟，未生掉悔蓋不起，已生掉悔蓋令滅，是名掉悔蓋不食。

「何等爲疑蓋不食？彼緣起法思惟，未生疑蓋不起，已生疑蓋令滅，是名疑蓋不食。譬如身依食而住，依食而立，如是七覺分依食而住，依食而立。

「何等爲念覺分食？謂四念處思惟已，未生念覺分令起，已生念覺分轉生令增廣，是名念覺分食。

「何等爲擇法覺分食？有擇善法，有擇不善法，彼思惟已，未生擇法覺分令起，已生擇法覺分重生令增廣，是名擇法覺分食。

「何等爲精進覺分食？彼四正斷思惟，未生精進覺分令起，已生精進覺分重生令增廣，是名精進覺分食。

「何等爲喜覺分食？有喜，有喜處，彼思惟，未生喜覺分令起，已生喜覺分重生令增廣，是名喜覺分食。

「何等爲猗覺分食？有身猗息、心猗息思惟，未生猗覺分令起，已生猗覺分重生令增廣，是名猗覺分食。

「何等爲定覺分食?謂有四禪思惟，未生定覺分令生起，已生定覺分重生令增廣，是名定覺分食。

「何等爲捨覺分食?有三界。何等三?謂斷界、無欲界、滅界，彼思惟，未生捨覺分令起，已生捨覺分重生令增廣，是名捨覺分食。」

佛說此經已，諸比丘聞佛所說，歡喜奉行!

◉七三八（七二六）

如是我聞：

一時，佛住王舍城夾谷精舍。爾時，尊者阿難亦在彼住。

時，尊者阿難，獨一靜處，禪思思惟，作如是念：半梵行者，所謂善知識、善伴黨、善隨從，非惡知識、惡伴黨、惡隨從。

時，尊者阿難從禪覺，往詣佛所，稽首禮足，退坐一面，白佛言：「世尊!我獨一靜處，禪思思惟，作是念：半梵行者，所謂善知識、善伴黨、善隨從、非惡知識、惡伴黨、惡隨從。」

佛告阿難：「莫作是言：『半梵行者，謂善知識、善伴黨、善隨從，非惡知識、惡伴黨、惡隨從。』所以者何？純一滿淨，梵行清白，所謂善知識、善伴黨、善隨從，非惡知識、惡伴黨、惡隨從。我爲善知識故，有衆生於我所取念覺分，依遠離、依無欲、依滅、向於捨；如是擇法覺分，精進、喜、猗、定、捨覺分，依遠離、依無欲、依滅、向於捨。以是故當知，阿難！純一滿淨，梵行清白，謂善知識、善伴黨、善隨從，非惡知識、非惡伴黨、非惡隨從。」

佛說此經已，諸比丘聞佛所說，歡喜奉行！

◉七三九（七二七）

如是我聞：

一時，佛在力士聚落人間遊行，於拘夷那竭城希連河中間住，於聚落側告尊者阿難：「令四重襞疊敷世尊欝多羅僧，我今背疾，欲小臥息。」

尊者阿難即受教敕，四重襞疊敷欝多羅僧已，白佛言：「世尊！已四重襞疊敷欝多羅僧，唯世尊知時。」

爾時，世尊厚襞僧伽梨枕頭，右脅而臥，足足相累，繫念明相，正念正智，作起覺想，告尊者阿難：「汝說七覺分。」

時，尊者阿難即白佛言：「世尊！所謂念覺分，世尊自覺成等正覺，說依遠離、依無欲、依滅、向於捨。擇法、精進、喜、猗、定、捨覺分，世尊自覺成等正覺，說依遠離、依無欲、依滅、向於捨。」

佛告阿難：「汝說精進耶？」

阿難白佛：「我說精進，世尊！我說精進，善逝！」

佛告阿難：「唯精進，修習、多修習，得阿耨多羅三藐三菩提。」說是語已，正坐端身繫念。

時，有異比丘即說偈言：

樂聞美妙法，忍疾告人說，比丘即說法，轉於七覺分。

善哉尊阿難！明解巧便說，有勝白淨法，離垢微妙說。

念擇法精進，喜猗定捨覺，此則七覺分，微妙之善說。
聞說七覺分，深達正覺味，身嬰大苦患，忍疾端坐聽。
觀為正法王，常為人演說，猶樂聞所說，況餘未聞者？
第一大智慧，十力所禮者，彼亦應疾疾，來聽說正法。
諸多聞通達，契經阿毗曇，善通法律者，應聽況餘者？
聞說如實法，專心黠慧聽，於佛所說法，得離欲歡喜，
歡喜身猗息，心自樂亦然；心樂得正受，正觀有事行。
厭惡三趣者，離欲心解脫，厭惡諸有趣，不集於人天；
無餘猶燈滅，究竟般涅槃。聞法多福利，最勝之所說；
是故當專思，聽大師所說。

異比丘說此偈已，從座起而去。

◉七五五（七四三）

如是我聞：

一時，佛住釋氏黃枕邑。時，衆多比丘晨朝著衣持鉢，入黃枕邑乞食。

時，衆多比丘作是念：今日太早，乞食時未至，我等可過外道精舍。爾時，衆多比丘即入外道精舍，與諸外道出家共相問訊慰勞已，於一面坐。

諸外道出家言：「沙門瞿曇爲諸弟子說如是法：『不斷五蓋惱心，慧力羸，爲障礙分，不趣涅槃。善攝其心，住四念處，心與慈俱，無怨無嫉，亦無瞋恚，廣大無量，善修充滿，四方、四維、上、下一切世間。心與慈俱，無怨無嫉，亦無瞋恚，廣大無量，善修習充滿。如是修習，悲、喜、捨心俱，亦如是說。』我等亦復爲諸弟子作如是說，我等與彼沙門瞿曇有何等異？所謂俱能說法。」

時，衆多比丘聞諸外道出家所說，心不喜悅，默然不呵，從座起去。入黃枕邑，乞食已，還精舍，舉衣鉢，洗足已，詣佛所，稽首禮足，退坐一面，以彼外道出家所說，廣白世尊。

爾時，世尊告諸比丘：「如彼外道出家所說，汝等應問：『修習慈心，爲何所勝？修習悲、喜、捨心，爲何所勝？』如是問時，彼諸外道出家，心則駭散，或說外異事，或瞋慢、毀呰、違背、不忍，或默然萎熟，低頭失辯，思惟而住：所以者何？我不見諸天、魔、梵、沙門、婆羅門、天、人衆中，聞我所說隨順樂者，唯除如來及聲聞衆者。比丘！心與慈俱多修習，於淨最勝；悲心修習多修習，空入處最勝；喜心修習多修習，識入處最勝；捨心修習多修習，無所有入處最勝。」

佛說此經已，諸比丘聞佛所說，歡喜奉行！

雜阿含經卷第二十八

◉七六〇（七四八）

如是我聞：

一時，佛住舍衛國祇樹給孤獨園。

爾時，世尊告諸比丘：「如日出前相，謂明相初光。如是，比丘！正盡苦邊、究竟苦邊前相者，所謂正見。彼正見者，能起正志、正語、正業、正命、正方便、正念、正定。起定正受故，聖弟子心正解脫貪欲、瞋恚、愚癡，如是心善解脫。聖弟子得正知見：我生已盡，梵行已立，所作已作，自知不受後有。」

佛說此經已，諸比丘聞佛所說，歡喜奉行！

◉七六二（七五〇）

如是我聞：

一時，佛住舍衛國祇樹給孤獨園。

爾時，世尊告諸比丘：「若比丘！諸惡不善法生，一切皆以無明爲根本，無明集、無明生、無明起。所以者何？無明者無知，於善、不善法不如實知，有罪、無罪，下法、上法，染污、不染污，分別、不分別，緣起、非緣起不如實知；不如實知故，起於邪見；起於邪見已，能起邪志、邪語、邪業、邪命、邪方便、邪念、邪定。

「若諸善法生，一切皆以明爲根本，明集、明生、明起。明，於善、不善法如實知，有罪、無罪，親近、不親近，卑法、勝法，穢污、白淨，有分別、無分別，緣起、非緣起悉如實知，如實知者，是則正見。正見者，能起正志、正語、正業、正命、正方便、正念、正定。正定起已，聖弟子得正解脫貪、恚、癡。貪、恚、癡解脫已，是聖弟子得正智見：我生已盡，梵行已立，所作已作，自知不受後有。」

佛說此經已，諸比丘聞佛所說，歡喜奉行！

◉七八九（七七七）

如是我聞：

一時，佛住舍衛國祇樹給孤獨園。

爾時，世尊告諸比丘：「於內法中，我不見一法令未生惡不善法生，已生惡不善法重生令增廣，未生善法不生，已生者令退，所謂不正思惟。諸比丘！不正思惟者，未生邪見令生，已生者重生令增廣；未生正見令不生，已生者令退。如是未生邪志、邪語、邪業、邪命、邪方便、邪念、邪定令生，已生者重生令增廣；未生正志、正語、正業、正命、正方便、正念、正定不生，已生者令退。

「諸比丘！我於內法中，不見一法令未生惡不善法令不生，已生惡不善法令滅，未生善法令生，已生善法重生令增廣，如說正思惟。諸比丘！正思惟者，令未生邪見不生，已生邪見令滅，未生正見令生，已生正見重生令增廣。如是未生邪志、邪語、邪業、邪命、邪方便、邪念、邪定令不生，已生者令滅；未生正志、正語、正業、正命、正方便、正念、正定令生，已生者重生令增廣。」

佛說此經已，諸比丘聞佛所說，歡喜奉行！

◉七九〇（七七八）

如是我聞：

一時，佛住舍衞國祇樹給孤獨園。

爾時，世尊告諸比丘：「於外法中，我不見一法令未生惡不善法生，已生惡不善法重生令增廣，如說惡知識、惡伴黨、惡隨從。諸比丘！惡知識、惡伴黨、惡隨從者，能令未生邪見令生，已生邪見重生令增廣。如是未生邪志、邪語、邪業、邪命、邪方便、邪念、邪定令生，已生者重生令增廣。

「諸比丘！外法中，我不見一法令未生惡不善法不生，已生惡不善法令滅，如說善知識、善伴黨、善隨從。諸比丘！善知識、善伴黨、善隨從者，能令未生邪見不生，已生邪見令滅；未生邪志、邪語、邪業、邪命、邪方便、邪念、邪定不生，已生者令滅。」

佛說此經已，諸比丘聞佛所說，歡喜奉行！

◉七九六（七八四）

如是我聞：

一時，佛住舍衛國祇樹給孤獨園。

爾時，世尊告諸比丘：「有邪、有正，諦聽！善思！當爲汝說。何等爲邪？謂邪見……乃至邪定。何等爲正？謂正見……乃至正定。

「何等為正見？謂說有施、有說、有齋，有善行、有惡行，有善惡行果報，有此世、有他世，有父母、有衆生生，有阿羅漢善到、善向，有此世、他世自知作證具足住：我生已盡，梵行已立，所作已作，自知不受後有。

「何等為正志？謂出要志、無恚志、不害志。

「何等為正語？謂離妄語、離兩舌、離惡口、離綺語。

「何等為正業？謂離殺、盜、淫。

「何等為正命？謂如法求衣服、飲食、臥具、湯藥，非不如法。

「何等為正方便？謂欲、精進、方便、出離、勤競、堪能常行不退。

「何等為正念？謂念隨順，念不妄、不虛。

「何等為正定？謂住心不亂、堅固、攝持、寂止、三昧、一心。」

佛說此經已，諸比丘聞佛所說，歡喜奉行！

◉七九七（七八五）

如是我聞：

一時，佛住舍衞國祇樹給孤獨園。

爾時，世尊告諸比丘，如上說，差別者：「何等爲正見？謂正見有二種：有正見，是世、俗，有漏、有取，轉向善趣；有正見是聖、出世間，無漏、無取，正盡苦，轉向苦邊。何等爲正見有漏、有取，向於善趣？若彼見有施、有說，……乃至知世間有阿羅漢，不受後有，是名世間正見，世、俗，有漏、有取，向於善趣。何等爲正見是聖、出世間，無漏、不取，正盡苦，轉向苦邊？謂聖弟子，苦苦思惟，集、滅、道道思惟，無漏思惟相應，於法選擇，分別推求，覺知黠慧，開覺觀察，是名正見是聖、出世間，無漏、不取，正盡苦，轉向苦邊。

「何等爲正志？謂正志有二種：有正志，世、俗，有漏、有取，向於善趣；有正志，是聖、出世間，無漏、不取、正盡苦，轉向苦邊。何等爲正志有世、俗，有漏、有取，向於善趣？謂正志出要覺、無恚覺、不害覺，是名正志世、俗，有漏、有取，向於善趣。何等為正志是聖、出世間，無漏、不取，正盡苦，轉向苦邊？謂聖弟子，苦苦思惟，集、滅、道道思惟，無漏思惟相應心法，分別自決意解，計數立意，是名正志是聖、出世間，無漏、不取，正盡苦，轉向苦邊。

「何等為正語？正語有二種：有正語，世、俗有漏、有取，向於善趣；有正語，是聖、出世間，無漏、不取，正盡苦，轉向苦邊。何等為正語世、俗有漏、有取，向於善趣？謂正語離妄語、兩舌、惡口、綺語，是名正語世、俗有漏、有取，向於善趣。何等正語是聖、出世間，無漏、不取，正盡苦，轉向苦邊？謂聖弟子苦苦思惟，集、滅、道道思惟，除邪命，念口四惡行、諸餘口惡行，離於彼，無漏、遠離、不著，固守、攝持不犯，不度時節，不越限防，是名正語是聖、出世間，無漏、不取、正盡苦、轉向苦邊。

「何等為正業？正業有二種。有正業，世、俗，有漏、有取，向於善趣；有正業，是聖、出世間，無漏、不取，正盡苦，轉向苦邊。何等爲正業世、俗，有漏、有取，轉向善趣？謂離殺、盜、淫，是名正業世、俗，有漏、有取，轉向善趣。何等爲正業是聖、出世間，無漏、不取，正盡苦，轉向苦邊？謂聖弟子苦苦思惟，集、滅、道道思惟，除邪命，念身三惡行、諸餘身惡行數，無漏、心不樂著，固守、執持不犯，不度時節，不越限防，是名正業是聖、出世間，無漏、不取，正盡苦，轉向苦邊。

「何等爲正命？正命有二種：有正命，是世、俗，有漏、有取，轉向善趣；有正命，是聖、出世間，無漏、不取，正盡苦，轉向苦邊。何等爲正命世、俗，有漏、有取，轉向善趣？謂如法求衣食、臥具、隨病湯藥，非不如法，是名正命世、俗、有漏、有取，轉向善趣。何等爲正命是聖、出世間，無漏、不取，正盡苦，轉向苦邊？謂聖弟子苦苦思惟，集、滅、道道思惟，於諸邪命無漏、不樂著，固守、執持不犯，不越時節，不度限防，是名正命是聖、出世間，無漏、不取，正盡苦，轉向苦邊。

「何等爲正方便？正方便有二種：有正方便，世、俗，有漏、有取，轉向善趣；有正方便，是聖、出世間，無漏、不取，正盡苦，轉向苦邊。何等爲正方便世、俗，有漏、有取，轉向善趣？謂欲、精進、方便超出、堅固建立，堪能造作精進、心法攝受，常不休息，是名正方便世、俗，有漏、有取，轉向善趣。何等爲正方便是聖、出世間，無漏、不取，正盡苦，轉向苦邊？謂聖弟子，苦苦思惟，集、滅、道道思惟，無漏憶念相應心法，欲、精進、方便，勤踊超出，建立堅固，堪能造作精進，心法攝受，常不休息，是名正方便是聖、出世間，無漏、不取，正盡苦，轉向苦邊。

「何等爲正念？正念有二種：有正念，世、俗有漏、有取，轉向善趣；有正念，是聖、出世間，無漏、不取，正盡苦，轉向苦邊。何等爲正念世、俗，有漏、有取，轉向善趣？若念、隨念、重念、憶念，不妄、不虛，是名正念世、俗，有漏、有取，正向善趣。何等爲正念是聖、出世間，無漏、不取，正盡苦，轉向苦邊？謂聖弟子苦苦思惟，集、滅、道道思惟，無漏思惟相應，若念、隨念、重念、憶念，不妄不虛，是名正念是聖、出世間，無漏、不取，正盡苦，轉向苦邊。

「何等爲正定？正定有二種：有正定，世、俗，有漏、有取，轉向善趣；有正定，是聖、出世間，無漏、不取，正盡苦，轉向苦邊。何等爲正定世、俗，有漏、有取，轉向善趣？若心住不亂、不動、攝受、寂止、三昧、一心，是名正定世、俗，有漏、有取、轉向善趣。何等爲正定是聖、出世間，無漏、不取，正盡苦，轉向苦邊？謂聖弟子苦苦思惟，集、滅、道道思惟，無漏思惟相應心法住，不亂、不散、攝受、寂止、三昧、一心，是名正定是聖、出世間，無漏、不取，正盡苦，轉向苦邊。」

佛說此經已，諸比丘聞佛所說，歡喜奉行！

雜阿含經卷第二十九

◉八一三（八〇一）

如是我聞：

一時，佛住舍衛國祇樹給孤獨園。

爾時，世尊告諸比丘：「有五法，多所饒益修安那般那念。何等為五？住於淨戒波羅提木叉律儀，威儀行處具足，於微細罪能生怖畏，受持學戒，是名第一多所饒益修習安那般那念。復次，比丘！少欲、少事、少務，是名二法多所饒益修習安那般那念。復次，比丘！飲食知量，多少得中，不爲飲食起求欲想，精勤思惟，是名三法多所饒益修安那般那念。復次，比丘！初夜、後夜，不著睡眠，精勤思惟，是名四法多所饒益修習安那般那念。復次，比丘！空閑林中，離諸憒鬧，是名五法多所饒益修習安那般那念。」

佛說此經已，諸比丘聞佛所說，歡喜奉行！

◉八一五（八〇三）

如是我聞：

一時，佛住舍衛國祇樹給孤獨園。

爾時，世尊告諸比丘：「修習安那般那念！若比丘修習安那般那念多修習者，得身心止息，有覺有觀，寂滅、純一，明分想修習滿足。

「何等爲修習安那般那念多修習已，身心止息，有覺有觀，寂滅、純一，明分想修習滿足？是比丘若依聚落、城邑止住，晨朝著衣持鉢，入村乞食，善護其身，守諸根門，善繫心住。乞食已，還住處，舉衣鉢，洗足已，或入林中、閑房、樹下，或空露地，端身正坐，繫念面前，斷世貪愛，離欲清淨，瞋恚、睡眠、掉悔、疑斷，度諸疑惑，於諸善法心得決定。遠離五蓋煩惱於心，令慧力羸，爲障礙分，不趣涅槃。念於內息，繫念善學；念於外息，繫念善學。息長息短，覺知一切身入息，於一切身入息善學；覺知一切身出息，於一切身出息善學。覺知一切身行息入息，於一切身行息入息善學；覺知一切身行息出息，於一切身行息出息善學。覺知喜，覺知樂，覺知心行，覺知心行息入息，於覺知心行息入息善學；覺知心行息出息，於覺知心行息出息善學。覺知心，覺知心悅，覺知心定，覺知心解脫入息，於覺知心解脫入息善學，覺知心解脫出息，於覺知心解脫出息善學。觀察無常，觀察斷，觀察無欲，觀察滅入息，於觀察滅入息善學；觀察滅出息，於觀察滅出息善學。是名修安那般那念，身止息、心止息，有覺有觀，寂滅、純一，明分想修習滿足。」

佛說此經已，諸比丘聞佛所說，歡喜奉行！

◉八一九（八〇七）

如是我聞：

一時，佛住一奢能伽羅林中。

爾時，世尊告諸比丘：「我欲二月坐禪，諸比丘勿復往來，唯除送食比丘及布薩時。」爾時，世尊作是語已，即二月坐禪，無一比丘敢往來者，唯除送食及布薩時。

爾時，世尊坐禪，二月過已，從禪覺，於比丘僧前坐，告諸比丘：「若諸外道出家來問汝等：『沙門瞿曇於二月中云何坐禪？』汝應答言：『如來二月以安那般那念坐禪思惟住。』所以者何？我於此二月念安那般那，多住思惟，入息時念入息如實知，出息時念出息如實知；若長，若短；一切身覺入息念如實知，一切身覺出息念如實知；身行休息入息念如實知，……乃至滅出息念如實知。我悉知已，我時作是念：此則麁思惟住，我今於此思惟止息已，當更修餘微細修住而住。

「爾時，我息止麁思惟已，即更入微細思惟，多住而住。時，有三天子，極上妙色，過夜來至我所。一天子作是言：『沙門瞿曇時到。』復有一天子言：『此非時到，是時向至。』第三天子言：『非爲時到，亦非時向至，此則修住，是阿羅訶寂滅耳！』」

佛告諸比丘：「若有正說，聖住、天住、梵住、學住、無學住、如來住，學人所不得當得，不到當到，不證當證，無學人現法樂住者，謂安那般那念，此則正說。所以者何？安那般那念者，是聖住、天住、梵住，乃至無學現法樂住。」

佛說此經已，諸比丘聞佛所說，歡喜奉行！

◉八二一（八〇九）

如是我聞：

一時，佛住金剛聚落跋求摩河側薩羅梨林中。

爾時，世尊爲諸比丘說不淨觀，讚歎不淨觀言：「諸比丘！修不淨觀，多修習者，得大果、大福利。」

時，諸比丘修不淨觀已，極厭患身，或以刀自殺，或服毒藥，或繩自絞，投巖自殺，或令餘比丘殺。

有異比丘，極生厭患惡露不淨，至鹿林梵志子所，語鹿林梵志子言：「賢首！汝能殺我者，衣鉢屬汝。」

時，鹿林梵志子即殺彼比丘，持刀至跋求摩河邊洗刀。時，有魔天住於空中，讚鹿林梵志子言：「善哉！善哉！賢首！汝得無量功德，能令諸沙門釋子持戒有德，未度者度，未脫者脫，未穌息者令得穌息，未涅槃者令得涅槃；諸長利衣鉢雜物，悉皆屬汝。」

時，鹿林梵志子聞讚歎已，增惡邪見，作是念：我今真實大作福德，令沙門釋子持戒功德者，未度者度，未脫者脫，未穌息者令得穌息，未涅槃者令得涅槃，衣鉢雜物，悉皆屬我。於是手執利刀，循諸房舍、諸經行處、別房、禪房，見諸比丘，作如是言：「何等沙門持戒有德，未度者我能令度，未脫者我能令脫，未穌息者令得穌息，未涅槃令得涅槃？」

時，有諸比丘厭患身者，皆出房舍，語鹿林梵志子言：「我未得度，汝當度我！我未得脫，汝當脫我！我未得穌息，汝當令我得穌息！我未得涅槃，汝當令我得涅槃！」

時，鹿林梵志子，即以利刀殺彼比丘，次第乃至殺六十人。

爾時，世尊十五日說戒時，於衆僧前坐，告尊者阿難：「何因何緣比丘轉少、轉減、轉盡？」

阿難白佛言：「世尊爲諸比丘說修不淨觀，讚歎不淨觀，諸比丘修不淨觀已，極厭患身，廣說乃至殺六十比丘。世尊！以是因緣故，令諸比丘轉少、轉減、轉盡。唯願世尊更說餘法，令諸比丘聞已，勤修智慧，樂受正法，樂住正法！」

佛告阿難：「是故，我今次第說，住微細住，隨順開覺，已起、未起惡不善法，速令休息，如天大雨，起、未起塵能令休息。如是，比丘！修微細住，諸起、未起惡不善法能令休息。阿難！何等爲微細住多修習，隨順開覺，已起、未起惡不善法能令休息？謂安那般那念住。」

阿難白佛：「云何修習安那般那念住，隨順開覺，已起、未起不善法能令休息？」

佛告阿難：「若比丘依止聚落，如前廣說，乃至如滅出息念而學。」

佛說此經已，尊者阿難聞佛所說，歡喜奉行！

◉八二九（八一七）

如是我聞：

一時，佛住舍衞國祇樹給孤獨園。

爾時，世尊告諸比丘：「亦復有三學，何等爲三？謂增上戒學、增上意學、增上慧學。何等爲增上戒學？若比丘住於戒波羅提木叉律儀，威儀行處具足，見微細罪則生怖畏，受持學戒。何等爲增上意學？若比丘離欲、惡不善法，……乃至第四禪具足住。何等爲增上慧學？是比丘此苦聖諦如實知，集、滅、道聖諦如實知，是名增上慧學。」

爾時，世尊即說偈，如上所說。

佛說此經已，諸比丘聞佛所說，歡喜奉行！

◉八三二（八二〇）

如是我聞：

一時，佛住舍衛國祇樹給孤獨園。

爾時，世尊告諸比丘，如上說，差別者：「何等為增上戒學？謂比丘重於戒，戒增上；不重於定，定不增上；不重於慧，慧不增上，於彼彼分細微戒，犯則隨悔。所以者何？我不說彼不堪能，若彼戒隨順梵行、饒益梵行、久住梵行，如是比丘戒堅固、戒師常住、戒常隨順生，受持而學，如是知、如是見，斷三結，謂身見、戒取、疑。斷此三結，得須陀洹，不墮惡趣法，決定正趣三菩提，七有天人往生，究竟苦邊，是名學增上戒。

「何等為增上意學？是比丘重於戒，戒增上；重於定，定增上；不重於慧，慧不增上，於彼彼分細微戒，……乃至受持學戒。如是知、如是見，斷於五下分結，謂身見、戒取、疑、貪欲、瞋恚。斷此五下分結，受生般涅槃，得阿那含，不還此世，是名增上意學。

「何等爲增上慧學？是比丘重於戒，戒增上；重於定，定增上；重於慧，慧增上。彼如是知、如是見，欲有漏心解脫，有有漏心解脫，無明有漏心解脫，解脫知見：我生已盡，梵行已立，所作已作，自知不受後有，是名增上慧學。」

佛說此經已，諸比丘聞佛所說，歡喜奉行！

◉八四一（八二九）

如是我聞：

一時，佛住跋耆聚落，尊者跋耆子侍佛左右。

爾時，尊者跋耆子詣佛所，稽首禮足，退住一面。白佛言：「世尊！佛說過二百五十戒，令族姓子隨次半月來說波羅提木叉修多羅，令諸族姓子隨欲而學。然今，世尊！我不堪能隨學而學。」

佛告跋耆子：「汝堪能隨時學三學不？」

跋耆子白佛言：「堪能，世尊！」

佛告跋耆子：「汝當隨時增上戒學，增上意學，增上慧學。隨時精勤增上戒學、增上意學、增上慧學已，不久當得盡諸有漏，無漏心解脫、慧解脫，現法自知作證：我生已盡，梵行已立，所作已作，自知不受後有。」

爾時，尊者跋耆子聞佛所說，歡喜隨喜，作禮而去。

爾時，尊者跋耆子受佛教誡，教授已，獨一靜處，專精思惟，如上說，乃至心善解脫，得阿羅漢。

雜阿含經卷第三十

◉八四五（八三三）

如是我聞：

一時，佛住毗舍離國獼猴池側重閣講堂。

時，有善調象師離車，名曰難陀，來詣佛所，稽首佛足，退坐一面。

爾時，世尊告離車難陀言：「若聖弟子成就四不壞淨者，欲求壽命，即得壽命；求好色、力、樂、辯，自在即得。

「何等爲四？謂佛不壞淨成就，法、僧不壞淨，聖戒成就。我見是聖弟子於此命終，生於天上，於天上得十種法。何等爲十？得天壽、天色、天名稱、天樂、天自在，天色、聲、香、味、觸。若聖弟子於天上命終，來生人中者，我見彼十事具足。何等爲十？人間壽命、人好色、名稱、樂、自在、色、聲、香、味、觸。我説彼多聞聖弟子不由他信、不由他欲、不從他聞、不取他意、不因他思，我説彼有如實正慧知見。」

爾時，難陀有從者，白難陀言：「浴時已到，今可去矣。」

難陀答言：「我今不須人間澡浴，我今於此勝妙法以自沐浴，所謂於世尊所得清淨信樂。」

爾時，離車調象師難陀聞佛所説，歡喜隨喜，從座起，作禮而去。

◉八五五（八四三）

如是我聞：

一時，佛住舍衛國祇樹給孤獨園。

爾時，世尊告尊者舍利弗：「所謂流者，何等爲流？」

舍利弗白佛言：「世尊所說流者，謂八聖道。」

復問舍利弗：「謂入流分，何等爲入流分？」

舍利弗白佛言：「世尊！有四種入流分。何等爲四？謂親近善男子、聽正法、内正思惟、法次法向。」

復問舍利弗：「入流者成就幾法？」

舍利弗白佛言：「有四分成就入流者。何等爲四？謂於佛不壞淨、於法不壞淨、於僧不壞淨、聖戒成就。」

佛告舍利弗：「如汝所說，流者，謂八聖道。入流分者有四種，謂親近善男子、聽正法、内正思惟、法次法向。入流者成就四法，謂於佛不壞淨、於法不壞淨、於僧不壞淨、聖戒成就。」

佛說此經已，尊者舍利弗聞佛所說，歡喜奉行！

◉八六〇（八四八）

如是我聞：

一時，佛住舍衛國祇樹給孤獨園。

爾時，世尊告諸比丘：「有四種諸天天道。何等為四？謂聖弟子念如來事，如是：如來、應、等正覺、明行足、善逝、世間解、無上士、調御丈夫、天人師、佛、世尊。於此如來事生隨喜心；隨喜已，心歡悅，心歡悅已，身猗息；身猗息已，覺受樂，覺受樂已，三昧定；三昧定已，聖弟子作如是學：何等為諸天天道？復作是念：我聞無恚為上諸天天道。作是念：我從今日，於世間若怖若安，不起瞋恚，我但當自受純一滿淨諸天天道。是名第一諸天天道，未淨衆生令淨，已淨者重令淨。

「復次，比丘！聖弟子念於法事，謂如來說正法、律，現法離諸熾然，不待時節，通達涅槃，即身觀察，緣自覺知。如是知法事已，心生隨喜；隨喜已身猗息，身猗息已覺受樂；覺受樂已三昧定；三昧定已，聖弟子作如是學：何等為諸天天道？復作是念：我聞無恚為上諸天天道，我從今日，於此世間若怖若安，不起瞋恚，我當受持純一滿淨諸天天道。是名第二諸天天道。

「復次，比丘！若於僧事起於正念，謂世尊弟子僧正直等向，所應恭敬、尊重、供養，無上福田。彼如是於諸僧事正憶念已，心生隨喜；心隨喜已得歡悅；歡悅已身猗息；身猗息已覺受樂；覺受樂已三昧定；三昧定已，彼聖弟子作如是學：何等為諸天天道？復作是念：我聞諸天無恚為上諸天天道，我從今日，於諸世間若怖若安，不起瞋恚，我但當受持純一滿淨諸天天道。是名第三諸天天道。

「復次，比丘！謂聖弟子自念所有戒事，隨憶念言：我於此不缺戒、不汙戒、不雜戒、明智所歎戒、智者不厭戒。於如是等戒事正憶念已，心生隨喜；隨喜已歡悅，歡悅已身猗息，身猗息已覺受樂，覺受樂已三昧定。三昧定已，聖弟子作是念：何等為諸天天道？復作是念：我聞諸天無恚為上諸天天道，我從今日，於諸世間若怖若安，不起瞋恚，我當受持純一滿淨諸天天道。是名第四諸天天道，未淨衆生令淨，已淨者重令淨。」

佛說此經已，諸比丘聞佛所說，歡喜奉行！

雜阿含經卷第三十一

◉八九六（一一四四）

如是我聞：

一時，尊者摩訶迦葉、尊者阿難，住王舍城耆闍崛山中。世尊涅槃未久，時，世飢饉，乞食難得。

時，尊者阿難與衆多年少比丘俱，不能善攝諸根，食不知量，不能初夜、後夜精懃禪思，樂著睡眠，常求世利。人間遊行，至南天竺，有三十年少弟子，捨戒還俗，餘多童子。時，尊者阿難，於南山國土遊行，以少徒衆，還王舍城。時，尊者阿難舉衣鉢，洗足已，至尊者摩訶迦葉所，稽首禮足，退坐一面。

時，尊者摩訶迦葉問尊者阿難：「汝從何來？徒衆尠少？」

阿難答言：「從南山國土人間遊行，年少比丘三十人，捨戒還俗，徒衆損減，又今在者，多是童子。」

尊者摩訶迦葉語阿難言：「有幾福利，如來、應、等正覺所知所見，聽三人以上制羣食戒？」

阿難答言：「爲二事故，何等爲二？一者爲貧小家；二者多諸惡人以爲伴黨，相破壞故。莫令惡人於僧中住，而受衆名，映障大衆，別爲二部，互相嫌諍。」

尊者迦葉語阿難言：「汝知此義，如何於飢饉時，與衆多年少弟子，南山國土遊行，令三十人捨戒還俗，徒衆損減，餘者多是童子？如阿難！汝徒衆消滅，汝是童子，不知籌量。」

阿難答言：「云何，尊者摩訶迦葉！我已頭髮二色，猶言童子？」

尊者摩訶迦葉言：「汝於飢饉世，與諸年少弟子人間遊行，致令三十弟子捨戒還俗，其餘在者復是童子。徒衆消滅，不知籌量，而言宿士衆壞。阿難！衆極壞，阿難！汝是童子，不籌量故。」

時，低舍比丘尼，聞尊者摩訶迦葉，以童子責尊者阿難——毗提訶牟尼，聞已，不歡喜，作是惡言：「云何，阿梨摩訶迦葉，本外道門，而以童子呵責阿梨阿難——毗提訶牟尼，令童子名流行？」

尊者摩訶迦葉，以天耳聞低舍比丘尼心不歡喜，口出惡語。聞已，語尊者阿難：「汝看！是低舍比丘尼，心不歡喜，口說惡語，言：『摩訶迦葉本門外道，而責阿梨阿難——毗提訶牟尼，令童子名流行。』」

尊者阿難答言：「且止！尊者摩訶迦葉！忍之！尊者摩訶迦葉！此愚癡老嫗無自性智。」

尊者摩訶迦葉語阿難：「我自出家，都不知有異師，唯如來、應、等正覺。我未出家時，常念生、老、病、死、憂、悲、惱苦，知在家荒務，多諸煩惱，出家空閑，難可俗人處於非家，一向鮮潔，盡其形壽，純一滿淨，梵行清白。當剃鬚髮，著袈裟衣，正信、非家，出家學道，以百千金貴價之衣，段段割截爲僧伽梨，若世間阿羅漢者，聞從出家。我出家已，於王舍城那羅聚落中間多子塔所，遇值世尊，正身端坐，相好奇特，諸根寂靜，第一息滅，猶如金山。

「我時見已，作是念：此是我師！此是世尊！此是羅漢！此是等正覺！我時一心合掌敬禮，白佛曰：『是我大師！我是弟子。』

「佛告我言：『如是，迦葉！我是汝師，汝是弟子。迦葉！汝今成就如是真實淨心所恭敬者，不知言知，不見言見，實非羅漢而言羅漢，非等正覺言等正覺者，應當自然身碎七分。迦葉！我今知故言知，見故言見，真阿羅漢言阿羅漢，真等正覺言等正覺。迦葉！我今有因緣故，爲聲聞說法，非無因緣故。依，非無依；有神力，非無神力。是故，迦葉！若欲聞法，應如是學：若欲聞法，以義饒益，當一其心，恭敬尊重，專心側聽，而作是念：我當正觀五陰生滅，六觸入處集起、滅沒，於四念處正念樂住，修七覺分、八解脫，身作證，常念其身，未嘗斷絕，離無慚愧，於大師所及大德梵行，常住慚愧，如是應當學。』

「爾時，世尊為我說法，示教照喜。示教照喜已，從座起去，我亦隨去，向於住處。我以百千價直衣割截僧伽梨，四攝為座。爾時，世尊知我至心，處處下道，我即敷衣，以為坐具，請佛令坐。世尊即坐，以手摩衣，歎言：『迦葉！此衣輕細，此衣柔軟！』我時白言：『如是，世尊！此衣輕細，此衣柔軟，唯願世尊受我此衣！』佛告迦葉：『汝當受我糞掃衣，我當受汝僧伽梨。』佛即自手授我糞掃衲衣，我即奉佛僧伽梨，如是漸漸教授，我八日之中，以學法受於乞食，至第九日，超於無學。

「阿難！若有正問：『誰是世尊法子；從佛口生，從法化生，付以法財，諸禪、解脫、三昧、正受？』應答我是，是則正說。譬如轉輪聖王第一長子，當以灌頂，住於王位，受王五欲，不苦方便，自然而得。我亦如是，為佛法子，從佛口生，從法化生，得法餘財，禪、解脫、三昧、正受，不苦方便，自然而得。譬如轉輪聖王寶象，高七八肘，一多羅葉能映障者，如是我所成就六神通智，則可映障。若有於神通境界智證有疑惑者，我悉能爲分別記說，天耳、他心通、宿命智、生死智、漏盡作證智通有疑惑者，我悉能爲分別記說，令得決定。」

尊者阿難語尊者摩訶迦葉：「如是！如是！摩訶迦葉！如轉輪聖王寶象，高七八肘，欲以一多羅葉能映障者，如是，尊者摩訶迦葉六神通智，則可映障。若有於神通境界作證智，乃至漏盡作證智有疑惑者，尊者摩訶迦葉能爲記說，令其決定。我於長夜，敬信尊重尊者摩訶迦葉，以有如是大德神力故。」

尊者摩訶迦葉說是語時，尊者阿難聞其所說，歡喜受持！

◉八九八（九〇六）

如是我聞：

一時，佛住舍衛國祇樹給孤獨園。

爾時，尊者摩訶迦葉，住舍衛國東園鹿子母講堂。晡時，從禪覺，往詣佛所，稽首禮足，退坐一面，白佛曰：「世尊！何因何緣，世尊先為諸聲聞少制戒時，多有比丘心樂習學；今多為聲聞制戒，而諸比丘少樂習學？」

佛言：「如是，迦葉！命濁、煩惱濁、劫濁、衆生濁、見濁，衆生善法退減故，大師為諸聲聞多制禁戒，少樂習學。迦葉！譬如劫欲壞時，真寶未滅，有諸相似僞寶出於世間；僞寶出已，真寶則沒。如是迦葉！如來正法欲滅之時，有相似像法生；相似像法出世間已，正法則滅。譬如大海中船，載多珍寶，則頓沉沒；如來正法則不如是，漸漸消滅。如來正法，不為地界所壞，不為水、火、風界所壞，乃至惡衆生出世，樂行諸惡，欲行諸惡，成就諸惡；非法言法，法言非法，非律言律，律言非律，以相似法，句味熾然，如來正法於此則沒。

「迦葉！有五因緣，能令如來正法沉沒。何等為五？若比丘於大師所，不敬不重，不下意供養；於大師所，不敬不重，不下意供養已，然復依倚而住。若法、若學、若隨順教，若諸梵行大師所稱歎者，不敬不重，不下意供養，而依止住，是名，迦葉！五因緣故，如來正法於此沉沒。

「迦葉！有五因緣令如來法、律不没、不忘、不退。何等爲五？若比丘於大師所，恭敬、尊重、下意供養，依止而住；若法、若學、若隨順教，若諸梵行大師所讚歎者，恭敬、尊重、下意供養，依止而住。迦葉！是名五因緣如來法、律不没、不忘、不退。是故，迦葉！當如是學：於大師所，當修恭敬尊重，下意供養，依止而住；若法、若學、若隨順教，若諸梵行大師所稱歎者，恭敬尊重，下意供養，依止而住。」

佛說是經已，尊者摩訶迦葉歡喜隨喜，作禮而去。

雜阿含經卷第三十二

◉九〇四（九一二）

如是我聞：

一時，佛住瞻婆國揭伽池側。

時，有王頂聚落主，來詣佛所，稽首佛足，退坐一面。

爾時，世尊告王頂聚落主：「今者衆生，依於二邊。何等爲二？一者樂著卑下、田舍、常人凡夫五欲。二者自苦方便，不正、非義饒益。聚落主！有三種樂受欲樂，卑下、田舍、常人凡夫；有三種自苦方便，不正、非義饒益。

「聚落主！何等爲三種卑下、田舍、常人凡夫樂受欲樂？有受欲者，非法濫取，不以安樂自供，不供養父母、給足兄弟、妻子、奴婢、眷屬、朋友、知識，亦不隨時供養沙門、婆羅門，仰求勝處安樂果報，未來生天，是名世間第一受欲。

「復次，聚落主！受欲樂者，以法、非法濫取財物，以樂自供，供養父母，給足兄弟、妻子、奴婢、眷屬、朋友、知識，而不隨時供養沙門、婆羅門，仰求勝處安樂果報，未來生天，是名第二受欲樂者。

「復次，聚落主！有受欲樂者，以法求財，不以濫取，以樂自供，供養父母，給足兄弟、妻子、奴婢、眷屬、知識，隨時供養沙門、婆羅門，仰求勝處安樂果報，未來生天，是名第三受欲樂者。

「聚落主！我不一向說受欲平等；我說受欲者其人卑下，我說受欲者是其中人，我說受欲者是其勝人。

「何等爲卑下受欲者？謂非法濫取，……乃至不仰求勝處安樂果報，未來生天，是名我說卑下者受欲。

「何等爲中人受欲？謂受欲者以法、非法而求財物，……乃至不求未來生天，是名我說第二中人受欲。

「何等爲我說勝人受欲？謂彼以法求財，……乃至未來生天，是名我說第三勝人受欲。

「何等爲三種自苦方便？是苦非法、不正、非義饒益？有一自苦枯槁活，初始犯戒、污戒，彼修種種苦行，精勤方便住處住，彼不能現法得離熾然、過人法、勝妙知見安樂住。聚落主！是名第一自苦方便枯槁活。

「復次，自苦方便枯槁活，始不犯戒、污戒，而修種種苦行，亦不由此現法得離熾然、過人法、勝妙知見安樂住，是名第二自苦方便枯槁活。

「復次，自苦方便枯槁活，不初始犯戒、污戒，然修種種苦行方便，亦不能現法離熾然、得過人法、勝妙知見安樂住，是名第三自苦方便枯槁活。

「聚落主！我不說一切自苦方便枯槁活悉等，我說有自苦方便是卑劣人，有說自苦方便是中人，有說自苦方便是勝人。

「何等自苦方便卑劣人？若彼自苦方便，初始犯戒、污戒，……乃至不得勝妙知見安樂住，是名我說自苦方便卑劣人。

「何等爲自苦方便中人？若彼自苦方便，不初始犯戒、污戒，……乃至不得勝妙知見安樂住，是名我說自苦方便中間人。

「何等爲自苦方便勝人？若彼自苦方便枯槁活，不初始犯戒、污戒，……乃至不得勝妙知見安樂住，是名我說自苦方便勝人。

「聚落主！是名三種自苦方便，是苦非法、不正，非義饒益。

「聚落主！有道有跡，不向三種受欲隨順方便，卑下、田舍、常人凡夫，不向三種自苦方便，是苦非法、不正、非義饒益。聚落主！何等爲道？何等爲跡？不向三種受欲、三種自苦方便？聚落主！爲欲貪障閡故，或欲自害，或欲害他，或欲俱害，現法、後世得斯罪報，心法憂苦。瞋恚、癡所障，或欲自害，或欲害他，或欲俱害，現法後世得斯罪報，心法憂苦。若離貪障，不欲方便自害、害他、自他俱害，不現法後世受斯罪報，彼心、心法常受喜樂。如是離瞋恚、愚癡障閡、不欲自害，不欲害他、自他俱害，不現法後世受斯罪報；彼心、心法常受安樂，於現法中，遠離熾然，不待時節，親近涅槃，即此身現緣自覺知。聚落主！如此現法永離熾然，不待時節，親近涅槃，即此現身，緣自覺知者，爲八聖道——正見……乃至正定。」

當其世尊說是法時，王頂聚落主遠塵離垢，得法眼淨。時，王頂聚落主見法、得法、知法、深入於法，度疑不由於他，於正法、律得無所畏。即從座起，整衣服，合掌白佛：「我今已度。世尊！歸佛、歸法、歸比丘僧，從今盡壽，爲優婆羅塞。」

時，聞佛所說，歡喜隨喜，作禮而去。

雜阿含經卷第三十三

◉九一八（九二六）

如是我聞：

一時，佛住那梨聚落深谷精舍。

爾時，世尊告詵陀迦旃延：「當修真實禪，莫習強良禪，如強良馬，繫槽櫪上，彼馬不念：我所應作、所不應作，但念穀草。如是，丈夫於貪欲纏多所修習故，彼以貪欲心思惟，於出離道不如實知，心常馳騁，隨貪欲纏而求正受；瞋恚、睡眠、掉悔、疑多修習故，於出離道不如實知，以疑蓋心思惟，以求正受。

「詵陀！若真生馬繫槽櫪上，不念水草，但作是念：駕乘之事。如是，丈夫不念貪欲纏，住於出離如實知，不以貪欲纏而求正受，亦不瞋恚、睡眠、掉悔、疑纏，多住於出離；瞋恚、睡眠、掉悔、疑纏如實知，不以疑纏而求正受。

「如是，詵陀！比丘如是禪者，不依地修禪，不依水、火、風、空、識、無所有、非想非非想而修禪。不依此世、不依他世，非日、月，非見、聞、覺、識，非得非求，非隨覺，非隨觀而修禪。

「詵陀！比丘如是修禪者，諸天主、伊濕波羅、波闍波提恭敬合掌，稽首作禮而說偈言：

南無大士夫，南無士之上！
以我不能知，依何而禪定？

爾時，有尊者跋迦利住於佛後，執扇扇佛。時，跋迦利白佛曰：「世尊！若比丘云何入禪，而不依地、水、火、風，乃至覺觀，而修禪定？云何比丘禪，諸天主、伊濕波羅、波闍波提合掌恭敬，稽首作禮而說偈言：

南無大士夫，南無士之上！
以我不能知，依何而禪定？

佛告跋迦利：「比丘於地想能伏地想，於水、火、風想，無量空入處想，識入處想，無所有入處，非想非非想入想處。此世他世，日、月、見、聞、覺、識，若得若求，若覺若觀，悉伏彼想。跋迦利！比丘如是禪者，不依地、水、火、風，乃至不依覺、觀而修禪。跋迦利！比丘如是禪者，諸天主、伊濕波羅、波闍波提恭敬合掌，稽首作禮，而說偈言：

南無大士夫，南無士之上！
以我不能知，何所依而禪。

佛說此經時，詵陀迦旃延比丘遠塵離垢，得法眼淨。跋迦利比丘不起諸漏，心得解脫。

佛說此經已，跋迦利比丘聞佛所說，歡喜奉行！

雜阿含經卷第三十四

◉九五四（九六二）

如是我聞：

一時，佛住王舍城迦蘭陀竹園。

爾時，婆蹉種出家來詣佛所，與世尊面相問訊，問訊已，退坐一面，白佛曰：「瞿曇！云何瞿曇作如是見、如是說：『世間常，此是真實，餘則虛妄。』耶？」

佛告婆蹉種出家：「我不作如是見、如是說：『世間常，是則真實，餘則虛妄。』」

「云何瞿曇作如是見、如是說：『世間無常，常無常，非常非無常；有邊，無邊，邊無邊，非邊非無邊；命即是身，命異身異；如來有後死，無後死，有無後死，非有非無後死。』？」

佛告婆蹉種出家：「我不作如是見，如是說，乃至非有非無後死。」

爾時，婆蹉種出家白佛言：「瞿曇！於此見，見何等過患，而於此諸見，一切不說？」

佛告婆蹉種出家：「若作是見——世間常，此則真實，餘則虛妄者，此是倒見，此是觀察見，此是動搖見，此是垢污見，此是結見，是苦、是閡、是惱、是熱，見結所繫，愚癡無聞凡夫，於未來世，生、老、病、死、憂、悲、惱苦生。婆蹉種出家！若作是見：世間無常，常無常，非常非無常；有邊，無邊，邊無邊，非有邊非無邊，是命是身，命異身異；如來有後死，無後死，有無後死，非有非無後死。此是倒見，乃至憂、悲、惱苦生。」

婆蹉種出家白佛：「瞿曇！何所見？」

佛告婆蹉種出家：「如來所見已畢。婆蹉種出家！然如來見，謂見此苦聖諦，此苦集聖諦，此苦滅聖諦，此苦滅道跡聖諦；作如是知、如是見已，於一切見、一切受、一切生，一切我、我所見、我慢繫著使，斷滅、寂靜、清涼、真實，如是等解脫。比丘！生者不然，不生亦不然。」

婆蹉白佛：「瞿曇！何故說言『生者不然』？」

佛告婆蹉：「我今問汝，隨意答我。婆蹉！猶如有人於汝前然火，汝見火然不？即於汝前火滅，汝見火滅不？」

婆蹉白佛：「如是，瞿曇！」

佛告婆蹉：「若有人問汝：『向者火然，今在何處？為東方去耶？西方、南方、北方去耶？』如是問者，汝云何說？」

婆蹉白佛：「瞿曇！若有來作如是問者，我當作如是答：『若有於我前然火，薪草因緣故然；若不增薪，火則永滅，不復更起。東方、南方、西方、北方去者，是則不然。』」

佛告婆蹉：「我亦如是說：色已斷已知，受、想、行、識已斷已知，斷其根本，如截多羅樹頭，無復生分，於未來世永不復起。若至東方、南、西、北方，是則不然，甚深廣大，無量無數永滅。」

婆蹉白佛：「我當說譬。」

佛告婆蹉：「為知是時。」

婆蹉白佛：「瞿曇！譬如近城邑聚落，有好淨地，生堅固林，有一大堅固樹，其生以來經數千歲，日夜既久，枝葉零落，皮膚枯朽，唯幹獨立。如是，瞿曇！如來法、律離諸枝條柯葉，唯空幹堅固獨立。」

爾時，婆蹉出家聞佛所說，歡喜隨喜，從座起去。

◉九六一（九六九）

如是我聞：

一時，佛住王舍城迦蘭陀竹園。

時，有長爪外道出家來詣佛所，與世尊面相問訊慰勞已，退坐一面，白佛曰：「瞿曇！我一切見不忍。」

佛告火種：「汝言一切見不忍者，此見亦不忍耶？」

長爪外道言：「向言一切見不忍者，此見亦不忍。」

佛告火種：「如是知，如是見，此見則已斷、已捨、已離，餘見更不相續、不起、不生。火種！多人與汝所見同，多人作如是見、如是說，汝亦與彼相似。火種！若諸沙門、婆羅門捨斯等見，餘見不起，是等沙門、婆羅門世間亦少少耳。

「火種！依三種見。何等爲三？有一如是見、如是說：『我一切忍。』復次，有一如是見、如是說：『我一切不忍。』復次，有一如是見、如是說：『我於一忍，一不忍。』火種！若言一切忍者，此見與貪俱生，非不貪；與恚俱生，非不恚；與癡俱生，非不癡；繫，不離繫；煩惱，非清淨；樂取，染著生。若如是見：『我一切不忍。』此見非貪俱，非恚俱，非癡俱，清淨非煩惱，離繫非繫，不樂不取，不著生。火種！若如是見：

『我一忍，一不忍。』彼若忍者，則有貪，乃至染著生；若如是見不忍者，則離貪，乃至不染著生。

「彼多聞聖弟子所學言：我若作如是見、如是說：『我一切忍。』則爲二者所責、所詰。何等二種？謂一切不忍，及一忍，一不忍，則爲此等所責。責故詰，詰故害。彼見責、見詰、見害故，則捨所見，餘見則不復生。如是斷見、捨見、離見，餘見不復相續，不起不生。

「彼多聞聖弟子作如是學：我若如是見、如是說：『我一切不忍。』者，則有二責二詰。何等爲二？謂我一切忍，及一忍，一不忍。如是二責二詰，乃至不相續，不起不生。

「彼多聞聖弟子作如是學：我若作如是見、如是說：『一忍，一不忍。』則有二責二詰。何等二？謂如是見、如是說：『我一切忍，及一切不忍。』如是二責，……乃至不相續，不起不生。

「復次、火種！如是身色麁四大，聖弟子當觀無常、觀生滅、觀離欲、觀滅盡、觀捨。若聖弟子觀無常、觀滅、觀離欲、觀滅盡、觀捨住者，於彼身、身欲、身念、身愛、身染、身著，永滅不住。

「火種！有三種受，謂苦受、樂受、不苦不樂受。此三種受，何因？何集？何生？何轉？謂此三受觸因、觸集、觸生、觸轉。彼彼觸集，則受集；彼彼觸滅，則受滅，寂靜、清涼、永盡。彼於此三受：覺苦、覺樂、覺不苦不樂。彼彼受若集、若滅、若味、若患、若出如實知；如實知已，即於彼受觀察無常、觀生滅、觀離欲、觀滅盡、觀捨。彼於身分齊受覺如實知，於命分齊受覺如實知，若彼身壞命終後，即於爾時，一切受永滅、永滅無餘。彼作是念：樂受覺時，其身亦壞；苦受覺時，其身亦壞；不苦不樂受覺時，其身亦壞，悉爲苦邊。於彼樂覺，離繫不繫；於彼苦覺，離繫不繫；於不苦不樂覺，離繫不繫。於何離繫？離於貪欲、瞋恚、愚癡，離於生、老、病、死、憂、悲、惱苦，我說斯等，名爲離苦。」

當於爾時，尊者舍利弗受具足，始經半月。時，尊者舍利弗，住於佛後，執扇扇佛。時，尊者舍利弗作是念：世尊歎說於彼彼法，斷欲、離欲、欲滅盡、欲捨。爾時，尊者舍利弗即於彼彼法觀察無常，觀生滅、觀離欲、觀滅盡、觀捨，不起諸漏，心得解脫。

爾時，長爪外道出家遠塵離垢，得法眼淨。長爪外道出家見法、得法、覺法、入法，度諸疑惑，不由他度，入正法、律，得無所畏。即從坐起，整衣服，為佛作禮，合掌白佛：「願得於正法、律出家、受具足，於佛法中修諸梵行。」

佛告長爪外道出家：「汝得於正法、律出家，受具足，成比丘分。」即得善來比丘出家，彼思惟：所以善男子剃除鬚髮，著袈裟衣，正信、非家、出家學道，……乃至心善解脫，得阿羅漢。

佛說是經已，尊者舍利弗、尊者長爪，聞佛所說，歡喜奉行！

雜阿含經卷第三十五

◉九七一（九七九）

如是我聞：

一時，佛住俱夷那竭國力士生處堅固雙樹林中。

爾時，世尊涅槃時至，告尊者阿難：「汝爲世尊於雙樹間敷繩床，北首，如來今日中夜，於無餘涅槃而般涅槃。」

爾時，尊者阿難奉教，於雙樹間，敷繩床，北首，訖，來詣佛所，稽首佛足，退住一面，白佛曰：「世尊！已於雙樹間敷繩床，北首。」

爾時，世尊詣雙樹間，於繩床上北首，右脅而臥，足足相累，繫念明想，正念、正智。

時，俱夷那竭國，有須跋陀羅外道出家，百二十歲，年耆根熟，爲俱夷那竭國人供敬供養，如阿羅漢。彼須跋陀羅出家，聞世尊今日中夜，當於無餘涅槃而般涅槃：然我有所疑，希望而住，沙門瞿曇有力，能開覺我，我今當詣沙門瞿曇，問其所疑。即出俱夷那竭，詣世尊所。

爾時，尊者阿難於園門外經行。時，須跋陀羅語尊者阿難言：「我聞沙門瞿曇，今日中夜，於無餘涅槃而般涅槃。我有所疑，希望而住，沙門瞿曇有力，能開覺我，若阿難不憚勞者，爲我往白瞿曇，少有閑暇，答我所問？」

阿難答言：「莫逼世尊，世尊疲極。」

如是須跋陀羅再三請尊者阿難，尊者阿難亦再三不許。

須跋陀羅言：「我聞古昔出家耆年大師所說，久久乃有如來、應、等正覺出於世間，如優曇鉢華。而今如來中夜，當於無餘涅槃界而般涅槃，我今於法疑，信心而住，沙門瞿曇有力，能開覺我，若阿難不憚勞者，爲我白沙門瞿曇！」

阿難復答言：「須跋陀羅！莫逼世尊！世尊今日疲極。」

爾時，世尊以天耳聞阿難與須跋陀羅共語來往，而告尊者阿難：「莫遮外道出家須跋陀羅！令入問其所疑。所以者何？此是最後與外道出家論議，此是最後得證聲聞。善來比丘，所謂須跋陀羅。」

爾時，須跋陀羅聞世尊爲開善根，歡喜增上，詣世尊所，與世尊面相問訊慰勞已，退坐一面，白佛言：「瞿曇！凡世間入處，謂富蘭那迦葉等六師，各作如是宗：『此是沙門，此是沙門！』云何，瞿曇！爲實各各有是宗不？」

爾時，世尊即爲說偈言：

始年二十九，出家修善道，成道至於今，經五十餘年。

三昧明行具，常修於淨戒，離斯少道分，此外無沙門。

佛告須跋陀羅：「於正法、律，不得八正道者，亦不得初沙門，亦不得第二、第三、第四沙門。須跋陀羅！於此法、律得八正道者，得初沙門，得第二、第三、第四沙門。除此已，於外道無沙門，斯則異道之師，空沙門、婆羅門耳。是故，我今於衆中作師子吼。」

說是法時，須跋陀羅外道出家遠塵離垢，得法眼淨。爾時，須跋陀羅見法、得法、知法、入法，度諸狐疑，不由他信，不由他度，於正法、律得無所畏。從座起，整衣服，右膝著地，白尊者阿難：「汝得善利，汝得大師，爲大師弟子，爲大師法雨，雨灌其頂。我今若得於正法、律出家，受具足，得比丘分者，亦當得斯善利！」

時，尊者阿難白佛曰：「世尊！是須跋陀羅外道出家，今求於正法、律出家、受具足，得比丘分。」

爾時，世尊告須跋陀羅：「此比丘來修行梵行！」

彼尊者須跋陀羅，即於爾時出家，即是受具足，成比丘分。如是思惟，……乃至心善解脫，得阿羅漢。

時，尊者須跋陀羅得阿羅漢，解脫樂覺知已，作是念：我不忍見佛般涅槃，我當先般涅槃。時，尊者須跋陀羅先般涅槃已，然後世尊般涅槃。

◉九九一（一二四七）

如是我聞：

一時，佛住王舍城迦蘭陀竹園。

爾時，世尊告諸比丘：「應當專心方便，隨時思惟三相。云何爲三？隨時思惟止相，隨時思惟舉相，隨時思惟捨相。若比丘一向思惟止相，則於是處其心下劣。若復一向思惟舉相，則於是處掉亂心起。若復一向思惟捨相，則於是處不得正定，盡諸有漏。

「以彼比丘隨時思惟止相，隨時思惟舉相，隨時思惟捨相故，心則正定，盡諸有漏。如巧金師、金師弟子，以生金著於爐中增火，隨時扇韛，隨時水灑，隨時俱捨。若一向鼓韛者，即於是處，生金焦盡。一向水灑，則於是處，生金堅强。若一向俱捨，則於是處，生金不熟，則無所用。是故巧金師、金師弟子，於彼生金，隨時鼓韛，隨時水灑，隨時兩捨。如是生金，得等調適，隨事所用。如是，比丘！專心方便，時時思惟，憶念三相，乃至漏盡。」

佛說是經已，諸比丘聞佛所說，歡喜奉行！

八眾誦第五

雜阿含經卷第三十八

◉一〇五八（一〇七〇）

如是我聞：

一時，佛住舍衛國祇樹給孤獨園。

時，有眾多比丘集供養堂，悉共作衣。時，有一年少比丘，出家未久，初入法、律，不欲營助諸比丘作衣。

時，眾多比丘詣世尊所，稽首禮足，退坐一面，白佛言：「世尊！

時，有衆多比丘集供養堂，爲作衣故。有一年少比丘，出家未久，始入法、律，不欲營助諸比丘作衣。

爾時，世尊問彼比丘：「汝實不欲營助諸比丘作衣耶？」

彼比丘白佛言：「世尊！隨我所能，當力營助。」

爾時，世尊知彼比丘心之所念，告諸比丘：「汝等莫與是年少比丘語。所以者何？是比丘得四增心法，正受現法安樂住，不勤而得。若彼本心所爲，剃鬚髮，著袈裟衣，出家學道，增進修學，現法自知作證：我生已盡，梵行已立，所作已作，自知不受後有。」爾時，世尊即說偈言：

非下劣方便，薄德少智慧，正向於涅槃，免脫煩惱鏁。
此賢年少者，逮得上士處，離欲心解脫，涅槃不復生，
持此最後身，摧伏衆魔軍。

佛說此經已，諸比丘聞佛所說，歡喜奉行！

◉一〇六五（一〇七七）

如是我聞：

一時，佛在央瞿多羅國人間遊行。經陀婆闍梨迦林中，見有牧牛者、牧羊者、採柴草者，及餘種種作人，見世尊行路，見已，皆白佛言：「世尊，莫從此道去！前有央瞿利摩羅賊，脫恐怖人！」

佛告諸人：「我不畏懼！」作此語已，從道而去。彼再三告，世尊猶去。遙見央瞿利摩羅手執刀楯走向，世尊以神力現身徐行，令央瞿利摩羅駛走不及。走極疲乏已，遙語世尊：「住！住！勿去。」

世尊竝行而答：「我常住耳，汝自不住！」

爾時，央瞿利摩羅即說偈言：

沙門尚駛行，而言我常住；我今疲㔝住，說言汝不住。

沙門說云何，我住汝不住？

爾時，世尊以偈答言：

央瞿利摩羅，我說常住者，於一切衆生，謂息於刀杖；
汝恐怖衆生，惡業不休息。我於一切蟲，止息於刀杖；
汝於一切蟲，常逼迫恐怖，造作兇惡業，終無休息時。
我於一切神，止息於刀杖；汝於一切神，長夜苦逼迫，
造作黑惡業，于今不止息。我住於息法，一切不放逸；
汝不見四諦，故不息放逸。

央瞿利摩羅說偈白佛：

久乃見牟尼，故隨路而逐；今聞真妙說，當捨久遠惡。
作如是說已，即放捨刀楯，投身世尊足，願聽我出家。
佛以慈悲心，大仙多哀愍，告比丘善來，出家受具足。

爾時，央瞿利摩羅出家已，獨一靜處，專精思惟：所以族姓子剃除鬚髮，著袈裟衣，正信、非家、出家學道，增修梵行，現法自知作證；我生已盡，梵行已立，所作已作，自知不受後有。

時，央瞿利摩羅得阿羅漢，覺解脫喜樂，即說偈言：

本受不害名，而中多殺害；今得見諦名，永離於傷殺。
身行不殺害，口意俱亦然；當知真不殺，不迫於衆生。
洗手常血色，名央瞿摩羅，浚流之所漂，三歸制令息。
歸依三寶已，出家得具足，成就於三明，佛教作已作。
調牛以捶杖，伏象以鐵鉤；不以刀捶杖，正度調天人。
利刀以水石，直箭以熅火，治材以斧斤，自調以黠慧。
人前行放逸，隨後能自斂；是則照世間，如雲解月現。
人前放逸行，隨後能自斂；於世恩愛流，正念而超出。
少壯年出家，精勤修佛教；是則照世間，如雲解月現。

少壯年出家，精勤修佛教；於世恩愛流，正念能超出。
若度諸惡業，正善能令滅；是則照世間，如雲解月現。
人前造惡業，正善能令滅；於世恩愛流，正念能超出。
我已作惡業，必向於惡趣，已受於惡報，宿債食已食。
若彼我怨憎，聞此正法者，得清淨法眼，於我修行忍，
不復與鬥訟，蒙佛恩力故。我慈行忍辱，亦常讚歎忍；
隨時聞正法，聞已隨修行。

佛說此經已，央瞿利摩羅聞佛所說，歡喜奉行！

雜阿含經卷第四十

◉一〇九二（一一〇四）

如是我聞：

一時，佛住王舍城迦蘭陀竹園。

爾時，世尊告諸比丘：「若能受持七種受者，以是因緣得生天帝釋處。謂天帝釋本爲人時，供養父母；及家諸尊長；和顏軟語；不惡口；不兩舌；常真實言；於慳悋世間，雖在居家而不慳惜，行解脫施，勤施，常樂行施，施會供養，等施一切。」爾時，世尊即說偈言：

供養於父母，及家之尊長，柔和恭遜辭，離麁言兩舌，
調伏慳悋心，常修真實語。彼三十三天，見行七法者，
咸各作是言：當來生此天。

佛說此經已，諸比丘聞佛所說，歡喜奉行！

國家圖書館出版品預行編目資料

雜阿含經選集／（宋）三藏求那跋陀羅翻譯. -- 初版. -- 新北市：華夏出版有限公司, 2022.11
面； 公分. --（Sunny 文庫；103）
ISBN 978-986-5541-41-5（平裝）
1.阿含部

221.84 109019840

Sunny 文庫 103
雜阿含經選集

翻　　譯　（宋）三藏求那跋陀羅
印　　刷　百通科技股份有限公司
　　　　　電話：02-86926066 傳真：02-86926016
出　　版　華夏出版有限公司
　　　　　220 新北市板橋區縣民大道 3 段 93 巷 30 弄 25 號 1 樓
　　　　　電話：02-32343788 傳真：02-22234544
E-mail：　pftwsdom@ms7.hinet.net
總 經 銷　貿騰發賣股份有限公司
　　　　　新北市 235 中和區立德街 136 號 6 樓
　　　　　電話：02-82275988 傳真：02-82275989
　　　　　網址：www.namode.com
版　　次　2022 年 11 月初版一刷
特　　價　新臺幣 550 元（缺頁或破損的書，請寄回更換）

ISBN-13：978-986-5541-41-5